Felix Schlösser
Die Bergpredigt
Leben und handeln aus der Begegnung mit Jesus

Felix Schlösser

Die Bergpredigt

Leben und handeln
aus der Begegnung mit Jesus

echter

Bibliografische Information der Deutschen Nationalbibliothek
Die Deutsche Nationalbibliothek verzeichnet diese Publikation in der
Deutschen Nationalbibliografie; detaillierte bibliografische Daten sind
im Internet über <http://dnb.d-nb.de> abrufbar.

© 2010 Echter Verlag GmbH, Würzburg
www.echter-verlag.de
Umschlag: hain-team, Bad Zwischenahn (Bild: Wieslaw Smetek)
Druck und Bindung: Druckerei Friedrich Pustet, Regensburg
ISBN 978-3-429-03276-0

Inhalt

Hinführung 7

Die Adressaten der Bergpredigt 9

Die Seligpreisungen – ein Glück,
wie Jesus es verheißt 13

Salz der Erde – Licht der Welt (Mt 5,13–16) 43

Glaubt an das Evangelium 51

Die neue Gerechtigkeit 59

Leistet keinen Widerstand – Liebet eure Feinde 69

Almosen – Beten – Fasten 75

Das Vater unser 87

Über das kleingläubige Sorgen 97

Weise – im Hören und Tun 105

Die Goldene Regel 117

Hinführung

Die Bergpredigt, die uns im Matthäusevangelium überliefert ist (5,1–7,29), wird so genannt, weil der Evangelist die Worte Jesu auf einem Berg sprechen ließ – im Unterschied zu der Version des Lukasevangeliums, der sog. Feldrede (Lk 6,20–49). Wenn auch der Grundbestand der Bergpredigt, ihr Grundanliegen, auf Jesus selbst zurückgeht, so handelt es sich nicht um eine so von Jesus gehaltene Rede bzw. Lehre. Beide Redekompositionen, die Bergpredigt und die Feldrede, sind keine Predigten im herkömmlichen Sinne. Sie müssen gesehen werden als eine Zusammenfassung der Verkündigung Jesu. Die bei verschiedenen Gelegenheiten gesprochenen Herrenworte wurden von den Evangelisten nach bestimmten Gesichtspunkten zusammengestellt. Sie haben dabei schon Situationen in den ersten christlichen Gemeinden im Blick.

Obwohl Jesus die Schriften des Alten Testamentes vertraut waren, ist er nicht der Gruppe der Schriftgelehrten zuzuordnen. Diese hatten in jahrelanger Ausbildung gelernt, die Schrift und die Propheten, das, was wir das Alte Testament nennen, zu deuten. Jesus war vielmehr ein Lehrer eines an Gott orientierten Lebens. Er wollte die Menschen zu einem Leben nach den Weisungen Gottes anleiten.

Es kann kein Zweifel daran sein: Jesus erhebt mit seinen Wegweisungen einen hohen ethischen Anspruch. Sie stecken voller Impulse, uns auf den Weg Jesu einzulassen, uns seiner Botschaft zu öffnen. Doch was würde uns das hohe Ethos der Bergpredigt nützen, wie könnten wir es verwirklichen, wenn wir in der Bergpredigt nicht Jesus selbst begegneten mit seiner bedingungslosen Liebe zu uns, mit seiner Güte und Menschenfreundlichkeit? Ohne ihn wäre die Bergpredigt mit ihrem hohen ethischen Anspruch nicht zu leben. Wir wären völlig überfordert. Denn die Bergpredigt ist viel herausfordernder, viel radikaler als das jüdische Gesetz, die Thora. Da Jesus die Weisungen der Bergpredigt einzig und allein von der Liebe herleitet, von der Liebe Gottes zu uns, können wir uns von dieser Liebe anrühren lassen und unser Herz öffnen für die Bergpredigt. Mit ihren Weisungen und auch ihren Forderungen.

Die Adressaten der Bergpredigt

Bevor wir uns der Bergpredigt und den sie einleitenden Seligpreisungen zuwenden, sollten wir uns die Frage stellen, wer die Adressaten der Bergpredigt waren. An wen hat Jesus seine Worte gerichtet? Sowohl das Matthäus- wie das Lukasevangelium erzählen davon, dass viele Menschen von weither nach Galiläa gekommen waren. Dorthin war Jesus wegen der Verhaftung des Johannes ausgewichen (Mt 4, 22). Matthäus berichtet, dass es Scharen von Menschen waren (Mt 4,25). Sie wollten Jesus hören und von ihren Krankheiten geheilt werden (Mt 4, 23–25; Lk 6, 17–19). Für die Evangelisten repräsentieren diese Menschen das Volk Israel. Zu ihm wusste sich Jesus in seiner Verkündigung des Reiches Gottes zu allererst gesandt. Die herbeigeströmten Menschen sind darum keine Kulisse, welche die programmatische Rede Jesu eindrucksvoll umrahmt.
Von der Menschenmenge, die Jesus umgab, lenken die Evangelisten den Blick auf die Jünger, auf diejenigen, die schon die Nähe Jesu erfahren hatten und ihm nachgefolgt waren. Diese spricht Jesus unmittelbar an. So bei Matthäus: »Als Jesus die vielen Menschen sah, stieg er auf einen Berg. Und nachdem er sich gesetzt hatte, traten seine Jünger zu ihm. Dann begann er zu reden und lehrte sie. Er sagte: »Selig, die arm sind vor Gott, denn ihnen gehört das Himmelreich ...« (Mt 5,1–11). Bei Lukas hören wir das so: »Er richtete seine Augen auf seine Jünger und sagte: Selig ihr Armen, denn euch gehört das Reich Gottes ...« (Lk 6, 20–26). Durch die engere Berührung mit Jesus hatten sich seine Jünger seinen Worten geöffnet. Sie glaubten daran, trotz allem späteren Angefochtensein, dass in ihm das Reich

Gottes in dieser Welt angebrochen sei. Und so waren sie innerlich bereit, sich von Jesus auf seinen Weg führen zu lassen.

Waren nun die vielen Menschen, die nicht oder noch nicht zur Jüngergemeinde Jesu gehörten, von ihm nicht gemeint? Zweifellos galten die Worte der Bergpredigt auch ihnen. Vielleicht waren sie nur aus Neugierde gekommen oder erhofften sich lediglich Heilung von ihren leiblichen Gebrechen. Aber es kamen eben doch viele von ihnen zum Glauben an Jesus. Am Ende der Bergpredigt heißt es: »Als Jesus die Rede beendet hatte, war die Menge sehr betroffen von seiner Lehre« – wörtlich übersetzt müsste es heißen: über seine Lehre erschrocken – »denn er lehrte sie wie einer, der göttliche Vollmacht hat und nicht wie ihre Schriftgelehrten« (Mt 7,28f.). Daraufhin sind viele Jesus gefolgt.

Die Bergpredigt richtet sich an alle Menschen. Jesus ermutigt sie, sich auf ihn und seine Weisungen einzulassen und seinen Spuren zu folgen. Damit unterscheidet sich Jesus deutlich von den Essenern, die eine moralisch reine Gemeinde zu errichten suchten. Dies haben später im Mittelalter auch die Katharer versucht. Sie wollten eine reine, makellose Kirche verkörpern und schlossen darum die in ihren Augen Unvollkommenen aus ihrer Gemeinschaft aus. Und es ist noch nicht so lange her, dass die Orden als »Stand der Vollkommenheit« galten. Dies würde bedeuten, dass die Menschen in zwei Gruppen aufgeteilt werden. Einmal die so genannten einfachen Christen, die ihr Leben nach den Zehn Geboten auszurichten hätten, und dann die Orden und geistlichen Gemeinschaften, denen die Bergpredigt mit ihrem hohen Anspruch gelten würde. Nein, Jesus wollte aus denen, die ihm gefolgt waren, keine elitäre Gruppe machen, keine Elite, die sich von anderen abhob.

Er wollte, dass möglichst viele Menschen sich von ihm und seiner befreienden Botschaft anstecken lassen und dass von ihnen dann der Funke überspringt auf andere.
Dazu gibt Gott uns schon im Voraus, ehe wir überhaupt etwas zu tun vermögen, die Kraft, nach den Weisungen Jesu zu leben, aus seinem Geist, aus seiner Gesinnung zu handeln. Überfordert wären wir zudem, wenn wir dies ohne Weggefährten, ohne das Mitgetragensein in einer Gemeinschaft zu schaffen meinen. Jesus hat in den Seligpreisungen und in der darauf folgenden Bergpredigt zu der Gemeinde seiner Jünger gesprochen. »Er richtete seine Augen auf seine Jünger und sagte: …«. Für den isoliert Einzelnen ist die Bergpredigt nur schwer erfüllbar. Die Wegweisungen der Bergpredigt sind erst dort wirklich lebbar, wo Menschen sich der Botschaft Jesu öffnen, sie miteinander zu leben versuchen.
»Bei euch aber soll es nicht so sein«, sagt Jesus zu den Söhnen des Zebedäus, Jakobus und Johannes, als diese ihn baten, sie in seinem Reich rechts und links von ihm sitzen zu lassen. »Ihr wisst«, sagt Jesus, »dass die, die als Herrscher gelten, ihre Völker unterdrücken und die Mächtigen ihre Macht über die Menschen missbrauchen. Bei euch aber soll es nicht so sein, sondern wer bei euch groß sein will, der soll euer Diener sein« (Mk 10, 42–44). Ich bin überzeugt, dass Menschen, die in ihrem persönlichen Lebensbereich machtfrei miteinander umgehen, auch im gesellschaftlichen und politischen Bereich gewaltlos und versöhnungsbereit zu handeln vermögen. Der beste Dienst, den Christen der Welt leisten können, sind lebendige Gemeinden und Gemeinschaften, in denen die Bergpredigt zum Maßstab ihres Handelns wird.
Gewiss eignet sich die Bergpredigt nicht als Grundgesetz

oder als Staatsverfassung. Doch dürfen ihre Weisungen nicht auf den privaten Bereich beschränkt bleiben. Sie haben nicht weniger Geltung für den politischen Bereich. Im Eintreten für größere soziale Gerechtigkeit, in der Überwindung weltweiter Unrechtsstrukturen, in der Bewahrung der Schöpfung, im Einsatz für den Frieden. Friedlich und versöhnlich miteinander zu leben kann im persönlichen Umfeld gelingen. Den Frieden jedoch dort herzustellen, wo Krieg herrscht, wo fanatisierte Terroristen von ihren Gewalttätigkeiten nicht lassen wollen, da erscheinen unsere Friedensbemühungen oft hoffnungslos. Doch so schwierig es sein mag, Aggressoren gewaltfrei zu begegnen, so gibt es dennoch viele Menschen, die sich in den weltweiten Konflikten um friedliche Lösungen bemühen. Die Worte Jesu: »Selig, die keine Gewalt anwenden; denn sie werden das Land erben« – »Selig, die Frieden stiften; denn sie werden Kinder Gottes genannt werden«, sie gelten denen, die sich im Geiste Jesu für den Frieden einsetzen. Doch nicht nur ihnen, sondern all den vielen, die, ohne Christen zu sein, friedlich und gewaltfrei Konflikte zu lösen versuchen. Sie alle sind von Jesus gemeint in den Weisungen der Bergpredigt und in ihren Verheißungen.

Die Seligpreisungen –
ein Glück, wie Jesus es verheißt

Die Seligpreisungen mit der sich daran anschließenden Bergpredigt sind so etwas wie die Magna Charta des Neuen Bundes, nach dem hl. Augustinus »eine Zusammenfassung des gesamten Evangeliums«. Sie enthalten konzentriert die Wesenszüge der Jüngerschaft Jesu, vergleichbar mit den zehn Wegweisungen des Ersten Testamentes. Die Seligpreisungen wurden ebenfalls auf einem Berg verkündet bzw. von Matthäus symbolisch dorthin verlegt. Jesus ist gleichsam der neue Mose. Die Unterschiede werden allerdings deutlich. Die Seligpreisungen sind viel radikaler, an die Wurzel gehender. Sie wollen unsere Gesinnung verändern. Es geht um eine neue Sehweise, bildlich gesprochen: um ein neues Herz.

Lara, eine Gestalt in Boris Pasternaks Roman »Doktor Schiwago«, ist eine von Leid geplagte Frau. Nach langer Zeit betritt sie wieder einmal eine Kirche. Und dort hört sie, wie ein Kantor die neun Seligpreisungen herunterleiert wie etwas, was man schon hundertmal gehört hat. »Lara fuhr zusammen, man spricht ja von ihr, sie war gemeint. Er hatte gesagt: Selig die Leidtragenden, die Schwachen und Unterdrückten. Sie haben der Welt etwas Besonderes zu sagen, ihnen gehört die Zukunft.«

Ja, Jesus spricht in seinen Seligpreisungen von einer Zukunft, die denjenigen zuteil wird, die scheinbar keine Zukunft haben: den Armen, den Trauernden, den Dürstenden, den Schwachen und Verfolgten. Ihnen soll die Zukunft gehören. Das ist seine Verheißung. Eine Verheißung und zugleich eine Wegweisung. Die verheißene Zukunft soll eine unvorhergesehene, eine völlig überraschende Wende mit sich bringen und zu einem gänzlich neuen Zustand unseres Menschseins und unserer Welt führen. Wenn wir uns darauf einlassen und den Weg einschlagen, den Jesus uns gewiesen hat. In den Glücksverheißungen Jesu kündigt sich eine neue Ordnung menschlicher Werte an, die unser Verhalten in neue Bahnen lenken müsste.

Wenn wir auf die Geschichte der Menschheit schauen, so scheinen die Verheißungen Jesu völlig utopisch zu sein. In der Menschheit insgesamt ist von der Zukunft, die Jesus ankündigt, kaum etwas wahrzunehmen. Die Neuorientierung menschlicher Wertvorstellungen hat, aufs Große und Ganze gesehen, nicht stattgefunden. Dies gilt auch für die Kirche, der es aufgetragen ist, dem von Jesus verheißenen Reich Gottes zum Durchbruch zu verhelfen. Leider steht sie dem manchmal selbst im Wege.

Dennoch gibt es in der Kirche diejenigen, die an das von Jesus verheißene Reich Gottes glauben und es herbeizuführen suchen. Auf dem Weg Jesu, in seiner Nachfolge. Wir nennen solche Menschen Selige. Und es sind unzählig mehr als die von der Kirche selig Gesprochenen. Auch ein Dietrich Bonhoeffer, ein Martin Luther King, die niemals »zur Ehre der Altäre« erhoben wurden, gehören dazu. Ebenso ein Gandhi, der wie viele Nichtchristen nie in engere Berührung mit Jesus und dessen Seligpreisungen gekommen und dennoch den Weg Jesu gegangen ist.

Wir haben, anders als die außerhalb der Kirche Lebenden, anders als die Lara in Pasternaks Roman, die Seligpreisungen Jesu in den Gottesdiensten unzählige Male gehört. Ins Leere sind sie gewiss nicht verhallt. Ihren Verheißungen glauben wir. Ihren Wegweisungen versuchen wir zu folgen. Doch wir alle sind noch auf dem Wege, in mancher

Hinsicht erst Anfänger. Darum ist es gut, dass wir uns von Zeit zu Zeit bewusster auf die Seligpreisungen Jesu und den Weg, den sie weisen, einlassen. Dies könnte bewirken, dass wir, wie diese Lara, innerlich aufhorchen, vielleicht sogar zusammenfahren. Man spricht ja von mir, ich bin ja gemeint!
Dazu eine Geschichte, die überschrieben ist: »Was daraus folgt«. Eines Tages kam Jesus zu einem namhaften Bibelgelehrten, dessen Buch vom Wesen und Wirken Jesu demnächst erscheinen sollte. »›Du kommst mir höchst gelegen‹, sagte der Professor, ›von meinem Buch hast du wohl schon gehört? Ich läse dir gerne etwas daraus vor.‹ Jesus nickte: ›Lies, Herr Professor, ich höre dir zu.‹ Er las, und Jesus schwieg. Als er zu Ende gelesen hatte, sah er auf, und da sah er den Blick. Er wagte nicht zu fragen. Endlich sagte Jesus: ›Meisterhaft, mein Kompliment! Aber, ob du mich wohl verstehst? Weißt du, als Objekt betrachtet, besprochen, beschrieben, wird mir seltsam zumute; gerade so, als ob ich meine eigene Leiche sähe. Einmal schreibst du, und das finde ich sehr treffend, ich wolle primär nicht Wahrheiten offenbaren, für wahr zu haltende Wahrheiten, ich wolle vielmehr den Menschen selbst. Das wäre es, Herr Professor, das!‹ Und da war wieder der Blick. Jesus erhob sich und schritt zur Tür. ›Was willst du von mir?‹, rief der Professor ihm nach. ›Dich will ich‹, sagte Jesus. ›Dich!‹ Und die Tür schloss sich wieder.«
Auf die Frage, was Jesus von mir will, was er will mit seinen Seligpreisungen, gibt es auch für mich nur die eine Antwort: Mich ganz persönlich, auf dem Weg, den er mir weist. Jesus will, dass ich mich von seiner Liebe anrühren lasse, dass ich dem Glück, der Seligkeit, die er mir schenken will, mein Herz öffne.

In einem zweiten Gedankenschritt soll etwas zur Redeweise Jesu, zur Aussagekraft seiner Seligpreisungen gesagt werden. Da kann ein Wort Martin Luthers hilfreich sein: »Es ist die höchste Kunst der Christenheit, das Evangelium vom Gesetz zu unterscheiden.« In gesetzlicher Form gesprochen, würden sich die Worte Jesu etwa so anhören: Du sollst arm, du sollst traurig sein, du sollst verfolgt werden – andernfalls kannst du nicht in das Reich Gottes eingehen. Oder in der Form der Lukanischen Weherufe würden wir es so hören: Du darfst nicht reich sein, du darfst nicht lachen, du darfst nicht genug zu essen haben, du darfst nicht gelobt werden. – Nein, Jesus befiehlt nicht, sondern beschreibt die Situation von Menschen, die es schwer haben und dennoch selig zu preisen sind.

Bei Lukas wird die Situation der sozial Armen beschrieben, der Bedürftigen, die Situation derer, die in ihren armseligen Verhältnissen wirklich nichts zu lachen haben. Weil sie arm sind, Hunger haben, weinen. Matthäus spricht von der Armut vor Gott, der Leidensfähigkeit, der Gerechtigkeit. In seiner fünften, siebten und achten Seligpreisung geht es dann mehr um ein Tun, ein Verhalten den Mitmenschen gegenüber: Barmherzigkeit zu üben, Frieden zu stiften, Gott und den Menschen mit einem lauteren Herzen zu begegnen. Abschließend ist in beiden Versionen die Situation der verfolgten Gemeinde angesprochen.

Alle diese Situationen und Verhaltensweisen werden uns von Jesus als beseligend vor Augen geführt. Warum dies so ist, sagt jeweils der zweite Satzteil, der immer mit »denn« eingeleitet wird. Weil dies der Weg ist, der in das Reich Gottes führt. Dieses Reich, für dessen Kommen Jesus sich gesandt wusste, wird in den einzelnen Seligpreisungen in phantasiereichen, teils dem Ersten Testament entnomme-

nen Bildern ausgemalt. Es sind Bilder, die trösten, ermutigen, froh stimmen. Das Evangelium, die frohe Kunde von dem in Jesus angebrochenen Reich Gottes wird in einem großartigen Gemälde entfaltet: dem Himmelreich angehören, getröstet werden, das Land erben, satt werden, Erbarmen finden, Gott schauen, Söhne, Töchter Gottes genannt werden. Nirgendwo sonst im ganzen Neuen Testament gibt es eine so prägnante und so eindeutige Beschreibung des Reiches Gottes mit dessen neuer Wertordnung.
Die Seligpreisungen werden mit »selig« eingeleitet, wörtlich übersetzt: »glücklich«. Mit dem Wort »Glück« oder »glücklich« haben wir insofern unsere Schwierigkeiten, als diese Worte durchwegs in einem mehr vordergründigen Sinn verstanden werden. Nämlich, viel zu besitzen, gesund zu sein, schön auszusehen, Glück in der Liebe zu haben, Talente zu besitzen. Nun ist das alles ja nicht schlecht, sondern etwas, an dem man seine Freude haben darf. Umgekehrt ist beispielsweise die soziale Armut kein erstrebenswertes Glück. Im Gegenteil, sie müsste überwunden werden. Fraglich wird das Glück irdischer Güter hingegen dann, wenn wir uns damit zufrieden geben oder es für alles in der Welt halten. Manchmal wünschen uns Menschen Gesundheit und fügen hinzu: Das ist ja die Hauptsache. Gesund zu sein ist gut. Aber dies kann nicht alles sein.
Im Lichte Gottes wird das irdische Glück zwar nicht wertlos, aber es relativiert sich. In der Beziehung zu Gott erhält es einen niederen Stellenwert in der Hierarchie der Werte. Ich erkenne es als etwas, was mich, würde ich bei ihm stehen bleiben, nicht wirklich glücklich machte. So sagt Mary Ward: »Begnüge dich mit keinem Glück, das weniger ist als Gott.« Begnüge dich mit keinem anderen Glück als jenem, welches du in Gott findest. Und in Gott wirst

du das Glück, das irdische Dinge dir bereiten, in einem neuen Licht sehen. Ich müsste mich fragen, welchen Sinn ich ihnen gebe, auf welche Weise ich sie gebrauche, ob ich mein menschliches Glück, was meine Lebenspraxis angeht, anders einschätze, als Jesus es mir ans Herz legt.

Selig, die arm sind vor Gott

Das Armsein vor Gott steht am Anfang der Seligpreisungen Jesu und wird in den darauf folgenden Glücksverheißungen variiert, klingt immer wieder auf. Es ist gleichsam das Leitmotiv. Das Armsein vor Gott hat einen eigenen Klang, der nicht sogleich eingeht. Niemand würde einem armen Menschen sagen: Herzlichen Glückwunsch, dass du in Armut lebst. Jesus jedoch spricht einen solchen Glückwunsch aus, gerichtet an die Adresse der wirklichen Habenichtse, an diejenigen, die unter dem Existenzminimum leben. Bei Lukas heißt es: »Selig, ihr Armen« (Lk 6,20). Malen wir uns das einmal in unserer Fantasie aus. Jesus steht Aug in Auge solchen in äußerster Armut lebenden Menschen gegenüber, er redet sie unmittelbar an: »Selig, ihr Armen«.
Dass sie sich so etwas von ihm sagen ließen, lag wohl vor allem an der Solidarität Jesu, die ihn mit den Armen verband. Er war selber arm. Mag er auch nicht völlig obdachlos gewesen sein, denn er wohnte zeitweilig in Kapharnaum, so konnte er doch von sich sagen, dass er nichts habe, wohin er sein Haupt legen könne. Er war sozusagen jemand »ohne ständigen Wohnsitz«. Er zog als Wanderprediger umher, war unterwegs zu den Menschen, besonders zu den Armen und Schwachen. Jesus stand zu ihnen,

so wie Jahwe in der Bundestradition des Ersten Testaments Partei ergriffen hatte für die Entrechteten, die gesellschaftlich Ausgegrenzten, die zu kurz Gekommenen. Darum nahmen die Armen Jesus ab, was er sagte. Weil er auf ihrer Seite stand.

Der zweite Grund, warum sich die Armen von Jesus angesprochen und ermutigt fühlten, lag in dem, was er ihnen zusagte: Euch gehört das Reich Gottes. Ihr seid von Gott reich gemacht. Deswegen – und nur deswegen – sind die Armen glücklich zu preisen. Nicht weil sie in sozialer Armut leben. Dass dieser Armut abgeholfen werden muss, zeigt Jesus eindrucksvoll in seinem Gerichtsgleichnis, wo er von den Geringsten seiner Brüder und Schwestern spricht, denen es beizustehen gilt (Mt 25). Einer billigen Vertröstung der Armen auf das bessere Jenseits, wie es in der Christentumsgeschichte vonseiten der Besitzenden oft vorkam, redet Jesus nicht das Wort. Ein solches Verhalten ist heutzutage überwunden, wie es das soziale Engagement zahlreicher Menschen zeigt, besonders in der so genannten Dritten Welt. Wenn es dennoch oft so ist – Gott sei es geklagt –, dass trotz dieser Hilfeleistung die Armen nicht aus ihrer Armutssituation herauskommen, dann haben sie, dies meint Jesus, größere Chancen, in das Reich Gottes zu gelangen als diejenigen, die schon alles zu haben meinen und darüber hinaus nach nichts mehr Verlangen spüren.

Die Armut allein gewährleistet noch nicht die Zugehörigkeit zum Reich Gottes. In den Armen muss die Sehnsucht geweckt werden für das, was mehr ist: das Angenommensein von Gott und den Menschen. Doch viele Arme sind so sehr von ihrer Armut in Beschlag genommen, was verständlich ist, dass ihnen der Blick für den Mehrwert menschlichen Lebens verstellt ist. »Der Hunger hat kein Ohr«, so ein Wort aus Haiti. Erst wenn sie in der ihnen von anderen Menschen geschenkten Liebe erkennen, was sie vor Gott wertvoll macht, kann sich ihnen ihr Herz auftun.

Das zeigt die bekannte Geschichte von Rainer Maria Rilke in seiner Begegnung mit einer Bettlerin in Paris. Sie saß gebückt da und erhob nie den Blick, wenn er ihr ein paar Sous zuwarf. Als er ihr eines Tages eine Rose in die Hand legte, schaute sie zu ihm auf. Danach war sie lange nicht mehr zu sehen. Wovon hat sie gelebt? Von der Rose. Mich haben in Indonesien, in Yogyakarta, die Augen einer Bettlerin lange Zeit nicht losgelassen mit ihrem Danke, ihrem »Terima kasih« für die wenigen Rupien. Terima kasih heißt wörtlich: Empfange Liebe! In ihrem Blick berührte mich der Hunger nach mehr als Geld. Wo wird sie dieses Mehr finden?

Die Sehnsucht nach dem Mehr ist das, was die erste Seligpreisung beim Evangelisten Matthäus in diesem tieferen Sinn aufschlüsselt. Hier wird von uns gesprochen, die wir nicht sozial arm sind. Für welche Armut preist Jesus denn uns glücklich? Es ist die Armut der leeren Hände, sofern wir uns dessen bewusst sind, sofern wir uns vor Gott als Arme einschätzen. Mit dem Eingeständnis, dass wir Gott gegenüber arm und hilfsbedürftig sind, beginnt unser Gesinnungswandel im Blick auf das, was uns im Tiefsten reich macht. Die erste Seligpreisung könnte man auch so wiedergeben: Glücklich, die ihre Armut vor Gott einsehen. Diese Einsicht ist nicht ganz leicht. Was wir in geistiger Hinsicht entbehren, nötig haben, ist schwerer zu erkennen als eine leibliche Notsituation, die sich in Hunger und Durst äußert und keines Nachdenkens bedarf. Die Armen haben wenig oder nichts und sind völlig darauf angewiesen, dass ihnen etwas gegeben wird. Wir hingegen, die etwas besitzen, könnten uns leicht mit dem zufrieden geben, was wir unser Eigen nennen. Wer erkennt, dass er sich alles schenken lassen muss, vor allem in geistiger Hinsicht, der hat die rechte Selbsteinschätzung als ein Armer vor Gott, als ein Mensch mit leeren Händen.

Nicht ohne eine gewisse Ironie schreibt Paulus einigen Christen in Korinth, die sich auf ihren geistigen Reichtum etwas einbildeten: »Denn wer räumt dir einen Vorrang ein? Und was hast du, das du nicht empfangen hättest? Wenn du es aber empfangen hast, warum rühmst du dich, als hättest du es nicht empfangen? Ihr seid schon satt, ihr seid schon reich geworden« (1 Kor 4,7f.). Wir brauchen uns nichts darauf einzubilden, wenn wir so oder so begabt und talentiert sind. Arm sein vor Gott heißt: sich von allem Anspruchsdenken, von jeglichem Besitzdenken zu lösen.

Dem Gedanken, Gott als den Geber alles Guten zu erkennen und ihm das Eigentliche zuzutrauen bei unserem Bemühen, verleiht Teresa von Avila in ihrem »Gartengleichnis« eine bildhafte Gestalt. Sie beschreibt vier Stufen spirituellen Lebens. »Erstens kann man das Wasser in einem Gefäß selber aus dem Brunnen emporziehen, was eine große Mühe ist. Zweitens kann man sich eines Schöpfrades bedienen, wie ich es manchmal tat; das ist schon weniger anstrengend, und man hat mehr Wasser. Drittens kann man es aus einem Fluss oder Bach ableiten; das ist viel wirkungsvoller, denn die Erde wird besser durchtränkt, und man muss nicht so häufig bewässern, so dass dem Gärtner viel Arbeit abgenommen wird. Viertens, wir müssen überhaupt nichts mehr tun, weil der Herr es kräftig regnen lässt, und das ist unvergleichlich besser als alles Vorgenannte.«

Ein Gleichnis! Teresa von Avila hat sich um die Reform ihres Ordens mit außerordentlichen Anstrengungen bemüht und sich dabei fast aufgerieben. Dennoch war sie zutiefst davon überzeugt, dass das, was sie zustande brachte, Gott zu verdanken ist. Dies ist damit gemeint, wenn sie sagt, dass wir überhaupt nichts mehr tun müssen, weil Gott es kräftig regnen lässt. Thérèse von Lisieux hat einmal zu Gott gebetet: »Am Abend meines Lebens werde ich mit leeren Händen vor dir erscheinen; denn ich bitte: Zähle meine guten Werke nicht, Herr! Alle unsere Gerechtigkeit ist voller Fehler in deinen Augen. Ich will mich also mit deiner Gerechtigkeit bekleiden und mit deiner Liebe dich selbst empfangen.«

Selig, denen Trauern in Trost verwandelt wird

Wiederum bringt Jesus mit dem »glücklich sein« etwas zusammen, was gar nicht zum menschlichen Glück zu passen scheint. Soll »traurig sein« glücklich machen? Jedenfalls nicht, wenn wir »traurig sein« mit »trostlos sein« gleichsetzen. Jesus tut das nicht. Er sagt nicht: Glücklich diejenigen, die ohne Trost sind. Vielmehr: Glücklich diejenigen, deren Traurigkeit in Trost verwandelt wird, die in der Traurigkeit Trost empfangen. Auf das Getröstet werden kommt es Jesus an. Getröstet werden in der Traurigkeit – das ist das Glück, das Jesus uns verheißt.
Traurigkeiten gibt es in jedem Menschenleben. Wir sollten uns unsere Traurigkeiten eingestehen. Und dies auch zeigen dürfen! »Indianer weinen nicht«, »Männer weinen nicht« – wir kennen solche Sprüche, die das überspielen möchten, was dennoch Schmerz bereitet. Der Glaube, dass Trauer in Trost verwandelt wird, kann zwar meine Trau-

rigkeiten nicht wegwischen, aber er gibt mir die Kraft, sie anzunehmen, ohne daran zu zerbrechen. Nicht durchlebte Trauer kann depressiv machen. Wahrnehmen und wahrhaben eines schmerzvollen Zustandes ist das Erste in einem sich anbahnenden inneren Heilungsprozess.
Schon vor längerer Zeit hat Alexander Mitscherlich unter sozialpsychologischem Aspekt »die Unfähigkeit zu trauern« als Ursache dafür angesehen, dass wir mit unserer Vergangenheit so schwer fertig werden und sehr schnell dabei sind, uns mit allerlei Schutzbehauptungen zu trösten. Wir müssten wieder lernen, an uns selbst und an dem vielen Unguten in der Welt zu leiden. Glücklich, die fähig sind zu trauern.
Martin Luther hat die zweite Seligpreisung übersetzt: »Selig, die da Leid tragen.« Eine Deutung, die besagen will: Es ist gut, wenn wir das Leid nicht abschütteln, es vielmehr annehmen. Es austragen. Ein Fieber durchzuschwitzen, es auszuschwitzen, das löscht den Krankheitsherd eher als das schnelle Verabreichen von Medikamenten. Selig, die Leid tragen, könnte auch besagen, dass wir das Leid eines anderen Menschen mittragen, damit ihm in der Traurigkeit Trost zuteil wird. Wenn es uns auch nicht möglich ist, ihnen ihr Leid abzunehmen, so können wir doch sensibler werden für das, was andere bedrückt, um auf diese Weise ihr Leid ein wenig mitzutragen. Es macht es leichter, mich in das Leid eines anderen Menschen hineinzufühlen, wenn ich selber Leid erfahren habe. Wer beispielsweise nie unter Depressionen gelitten hat, vermag nicht zu ahnen, wie dem anderen in seinen Traurigkeiten zumute ist. Die angeblich seelisch Starken, die selber des Trostes nicht zu bedürfen scheinen, werden auch andere nicht trösten können. Oder sie tun das Leid anderer mit billigen Trostsprü-

chen ab. »Das ist doch nicht zu schlimm« hilft einem Menschen nicht in seinen Traurigkeiten. Auch nicht: »Gott wird schon helfen!«

Eine Episode aus den Chassidischen Erzählungen mag dies erläutern. Da sagt ein Rabbi zu seinen Schülern, dass mit frommen Vertröstungen leidenden Menschen nicht geholfen werden kann. »Wenn einer zu dir kommt«, sagt dieser Mosche Löb, »und von dir Hilfe verlangt, dann ist es nicht an dir, ihm mit frommen Munde zu empfehlen: Hab Vertrauen und wirf deine Not auf Gott! Vielmehr sollst du handeln, als wäre da kein Gott, sondern auf der ganzen Welt nur einer, der diesem Menschen helfen kann – du allein!« »Als wäre da kein Gott« ist hypothetisch gemeint. Für diesen gläubigen Rabbi gibt es Gott. Er warnt nur davor, dass wir uns gleichsam mit Gott herausreden, unserer eigenen Hilfeleistung ausweichen. »Einer trage des anderen Last«, sagt Paulus, »so werdet ihr das Gesetz Christi erfüllen« (Gal 6,2).

Wir dürfen mit Gott rechnen, wenn wir anderen zu helfen, sie zu trösten versuchen. Paulus rühmt Gott wegen des von ihm kommenden Trostes: »Gepriesen sei der Gott und Vater Jesu Christi, unseres Herrn, der Vater des Erbarmens und der Gott allen Trostes. Er tröstet uns in all unserer Not, damit auch wir die Kraft haben, alle zu trösten, die in Not sind, durch den Trost, mit dem auch wir von Gott getröstet werden« (2 Kor 1,3f.). Gott, wie wir ihn in Jesus kennen gelernt haben, ist keiner, der von oben herab tröstet. Es ist ein Gott, der mit uns leidet. Der da ist in unseren Ängsten, in dem, was uns schmerzt und traurig macht. »Er hat unsere Leiden auf sich genommen und unsere Krankheiten getragen«, heißt es von Jesus im Anschluss an eine Krankenheilung (Mt 8,17).

In der Weggemeinschaft mit Jesus wird das, was auf uns lastet, nicht mehr so schwer. Jesus lädt uns ein, den Weg mit ihm zu gehen: »Kommt alle zu mir, die ihr euch plagt und schwere Lasten zu tragen habt. Ich werde euch Ruhe verschaffen. Nehmt mein Joch auf euch und lernt von mir; denn ich bin gütig und demütig von Herzen; so werdet ihr Ruhe finden für eure Seele. Denn mein Joch drückt nicht, und meine Last ist leicht« (Mt 11,28–30). In der Weggemeinschaft mit Jesus kann Traurigkeit in Trost verwandelt werden. Die Erfahrungen mit Leid hat Meister Eckart so zur Sprache gebracht: »Dass ein Mensch ein ruhiges Leben hat, das ist gut; dass ein Mensch ein mühevolles Leben mit Geduld erträgt, das ist besser; aber dass man Ruhe hat im mühevollen Leben, das ist das Allerbeste.«

Indem wir unsere Traurigkeiten annehmen, werden wir durch sie hindurch Trost erfahren. Dann wird es uns auch möglich sein, denen, die traurig und trostlos sind, Trost zu schenken. Dann kann, wie es Chiara Lubich ausdrückt, Leid in Liebe verwandelt werden. Sie sagt: »Der Durchmesser einer Baumkrone entspricht oft dem Durchmesser der Wurzeln. Die Liebe eines Menschen entspricht dem Schmerz, den er erlitten und in Liebe umgewandelt hat.«

**Selig, die keine Gewalt anwenden –
Selig, die Frieden stiften**

Kurz nach Kriegsende wurde ich in Bonn auf der Straße von einem französischen Soldaten in ein Haus beordert, in dem Offiziere einquartiert waren. Es wurden mir ein Putzlappen und ein Eimer in die Hand gedrückt. Ich sollte die Treppe putzen, was mich sehr geärgert hat. Aber ich war noch gar nicht fertig, als mir ein anderer, recht freundlicher Franzose bedeutete, meiner Wege zu gehen. Sicher hätte er mich für unterwürfig gehalten, würde ich ihm angeboten haben, noch den Rest der Treppe zu putzen, was ich natürlich nicht getan habe.

Ich erzähle dies deswegen, weil uns Jesus in der Bergpredigt eine seltsame Handlungsweise nahegelegt hat: »Wenn dich einer zwingen will, eine Meile mit ihm zu gehen, dann geh zwei mit ihm« (Mt 5,41). Diese Beispielrede hat einen realen Hintergrund. Damals war jedem römischen Legionär vom Besatzungsrecht zugestanden, einem Juden, der ihm über den Weg lief, sein Marschgepäck aufzuhalsen und ihn eine Meile weit als Packesel zu benutzen. Nach einer Meile jedoch musste der Römer, so das Gesetz, seine Sachen selber schleppen. Jeder Jude wäre für verrückt erklärt worden, hätte er dem Römer nicht schleunigst Sack und Pack vor die Füße geworfen. Jesus hingegen rät: Geh noch eine Meile mit ihm. Man könnte eine solche Handlungsweise eine entwaffnende Praxis nennen, eine Praxis der Entfeindung. Zumindest war die Möglichkeit gegeben, dass aus den Gegnern Gesprächspartner wurden. Sie hätten sich vielleicht in die Augen gesehen, hätten gemerkt, dass sie sich ein falsches Bild voneinander gemacht hatten. Möglicherweise hatte der Römer sich gar nicht darum gerissen, in dem entlegenen Judäa Dienst zu schieben, doch die Umstände hatten ihn dazu gebracht, seine Macht auszuspielen. Im Gespräch hätte der Römer vielleicht das Feindbild abgebaut, das er sich von den Juden zurechtgezimmert hatte. Und umgekehrt die Juden von den Römern.

Was Jesus uns in einer solchen Entwaffnungsstrategie zumutet bzw. zutraut, ist gar nicht so utopisch. 1982 machten nach unergiebigen, in Machtkämpfe ausartenden Sit-

zungen in Genf die beiden Chefunterhändler Nitze und Kritsinski den in die Geschichte eingegangenen »Waldspaziergang«, so etwas wie eine zweite Meile. Das schlug nicht gleich in handfeste Ergebnisse um, trug aber zum Sich-Öffnen im zwischenmenschlichen Bereich bei. Abrüstung ist, über politisches Kalkül hinaus, ein Vorgang, der im Herzen beginnt, in der veränderten Einschätzung des vermeintlichen Gegners. Damals, als ich widerwillig die Treppe putzte, hätte ich mich besser mit diesem Franzosen, einem unserer so genannten Erbfeinde, auf ein Gespräch eingelassen. Zur gegenseitigen Entfeindung.
Es ist gut, sagt Jesus in der dritten Seligpreisung, wenn Menschen gewaltlos und freundlich miteinander umgehen. Und in der siebten Seligpreisung nennt er diejenigen glücklich, die um den Frieden bemüht sind, die Friedfertigen. In der fünften Antithese der Bergpredigt hören wir: »Ihr habt gehört, dass gesagt worden ist: Auge für Auge und Zahn für Zahn. Ich aber sage euch: Leistet dem, der euch etwas Böses antut, keinen Widerstand, sondern wenn dich einer auf die rechte Wange schlägt, dann halt ihm auch die andere hin ... Und wenn dich einer zwingen will, eine Meile mit ihm zu gehen, dann geh zwei mit ihm. Wer dich bittet, dem gib, und wer von dir borgen will, den weise nicht ab« (Mt 5,38-42).
Gemeint ist ein unter uns Menschen äußerst ungewöhnliches Verhalten. Ein neuer, vom Geist und der Gesinnung Jesu bestimmter Umgang miteinander. Was Jesus da empfiehlt, kann uns schon einleuchten. Wenn wir auf den Gegenschlag verzichten, könnten wir besser miteinander umgehen. Wenn wir den Regelkreis von Unrecht erleiden und Unrecht heimzahlen unterbrechen würden, wäre der Gewalt Einhalt geboten. Im Machtkampf der Völker und po-

litischen Gruppen sicher mit weniger Aussicht. Aber näher bei uns, in unserem menschlichen Nahbereich, vielleicht doch ein wenig leichter. Indem wir versuchen, das »Wie du mir, so ich dir!« zu überwinden und »Liebe vor Recht« walten zu lassen. Was unsere Vorurteile angeht, hat Albert Einstein einmal gesagt, es sei einfacher, ein Atom zu spalten, als ein Vorurteil zu zerstören. Paulus schreibt an die Christen von Rom: »Vergeltet niemand Böses mit Bösem! Seid allen Menschen gegenüber auf Gutes bedacht! Soweit es euch möglich ist, haltet mit allen Menschen Frieden … Lass dich nicht vom Bösen besiegen, sondern besiege das Böse durch das Gute« (Röm 12,17f.; 20f.).

»Selig die Sanftmütigen«, übersetzt Martin Luther die fünfte Seligpreisung. Sanftmut – der Mut, sanft zu sein – hat nichts mit Duckmäuserei oder Unterwürfigkeit zu tun. Es ist vielmehr ein entschiedenes Handeln, nämlich das Böse durch das Gute zu überwinden. »Die Menschen denken oft«, sagt Martin Luther King, »dass Liebe eine unnütze, eine schwächliche Empfindung sei. Meine Überzeugung ist, dass Christus sehr im Recht war, als er feststellte, dass Liebe eine starke Macht habe. Nur ein starker Mensch kann wirklich lieben. Ich rede nicht von einer gefühlvollen Weise, wenn ich von Liebe spreche. Ich rede von der Art des Verstehens, des schöpferischen Guten für alle Menschen, das im Mittelpunkt des Lebens stehen muss. Nur durch diese Liebe sind wir überzeugend, nur durch Liebe können wir Versöhnung verbreiten und Getrennte zusammenführen.«

Wir brauchen nicht auf eine Auseinandersetzung auf der Sachebene zu verzichten. Denken wir an die Auseinandersetzung Jesu mit den Schriftgelehrten und Pharisäern. Schwierig bleibt das jedoch deswegen, weil im Schlagabtausch der Meinungen man leicht darauf aus ist, Sieger zu bleiben. Warum nicht einmal dem anderen das letzte Wort überlassen? Warum müssen wir immer darauf aus sein, Recht zu behalten? Zur Entfeindung trägt das jedenfalls nicht bei. Oft denke ich: Ich lasse mich nicht zum Narren halten. Bis hierhin und nicht weiter. Meine Geduld ist jetzt am Ende. Das kann ich nicht auf mir sitzen lassen. Das bin ich meinem Namen schuldig.

Was Entfeindung bedeuten kann, wird uns in einer Begebenheit vor Augen geführt, von der Werner Bergengruen berichtet. Sie hat mich immer wieder tief berührt: »Auf meiner Flucht aus Russland kam ich Ostern 1919, nach Lebensmitteln suchend, in ein Dorf des Gouvernements Minsk. Eine alte Bäuerin sagte zu mir: ›Ich habe einen Sohn in deutscher Gefangenschaft, von dem ich nichts weiß. Ich werde jetzt denken: Du bist mein Sohn.‹ Sie umarmte mich und beschenkte mich reichlich.«

Bei Jesus gerät das gewaltlose, friedfertige Handeln in das Blickfeld Gottes, der seine Sonne aufgehen lässt über Guten und Bösen und regnen lässt über Gerechten und Ungerechten (Mt 5,45). Damit wollte Jesus gleichnishaft ausdrücken: Gott liebt alle Menschen – unterschiedslos. Wenn wir uns nach und nach die Praxis Gottes zu eigen machten, würden sich auch die Beziehungen zu denjenigen klären, die uns quer liegen. Denn so wie ich ist auch der andere vorbehaltlos von Gott angenommen. Wenn du im Glauben an Gott – das will Jesus mir sagen – andere mit den Augen Gottes sehen kannst, dann wirst du zu den Söhnen und Töchtern Gottes, zu seiner Familie gehören. »Selig, die Frieden stiften, sie werden Kinder Gottes genannt werden« (Mt 5,9).

Selig, die hungern und dürsten nach der Gerechtigkeit

Im Einlassspruch der Bergpredigt sagt Jesus: »Wenn eure Gerechtigkeit nicht weit größer ist als die der Schriftgelehrten und Pharisäer, werdet ihr nicht in das Himmelreich kommen« (Mt 5,20). Was meint Jesus mit dieser anderen, größeren Gerechtigkeit? Wie ist die vierte Seligpreisung zu verstehen: »Selig, die hungern und dürsten nach der Gerechtigkeit; denn sie werden satt werden«?

Nicht gemeint sein kann eine Gerechtigkeit; die sich auf die Erfüllung des Gesetzes beschränkt, um die sich die Schriftgelehrten und Pharisäer anerkanntermaßen mit großem Eifer bemühten. Diese Art von Gerechtigkeit kann nicht satt machen, die Seele nicht sättigen. Weil es ihr nicht um Gott und seine Menschen zu tun ist, sondern nur um das Aufweisen moralischer Leistungen, bleibt sie im Äußerlichen stecken und kann darum nicht hineinführen in das Reich Gottes. Noch an einer anderen Stelle der Bergpredigt werden Gerechtigkeit und Reich Gottes in Verbindung gebracht: »Euch aber muss es zuerst um sein Reich und um seine Gerechtigkeit gehen; dann wird euch alles andere dazugegeben« (Mt 6,33). Alles andere ist demnach zweitrangig. Es ergibt sich daraus, es wird, wie es wörtlich heißt, uns »nachgeworfen« werden. Es muss sich also bei der Gerechtigkeit, wie sie Jesus meint, um einen zentralen Wert handeln.

Wenn wir von Gerechtigkeit sprechen, bringen wir sie meist in Verbindung mit sozialer Gerechtigkeit oder mit Gerechtigkeit gegenüber armen und unterdrückten Menschen, damit ihnen Recht verschafft wird. Menschen, vor allem mit ihrem Recht auf Liebe, gerecht zu werden,

kommt der größeren Gerechtigkeit, die Jesus im Auge hat, in der Tat sehr nahe. Denn sie überschreitet eine Gesetzesgerechtigkeit, die sehr wohl am Menschen vorbeigehen kann. So wirft Jesus den Gesetzeslehrern vor: »Der Sabbat ist für den Menschen da, nicht der Mensch für den Sabbat« (Mk 2,27). Jesus geht es bei der größeren Gerechtigkeit nicht um eine Mehr an Gesetzestreue, sondern um ein Mehr an Gottes- und Nächstenliebe. Er zeigt die richtigen, die menschengerechten Maßstäbe für unser mitmenschliches Miteinander.
Die neue Gerechtigkeit leitet Jesus jedoch nicht aus einer menschlichen Ethik ab. Seine Maßstäbe sind die Maßstäbe Gottes. Die Art, wie Menschen miteinander umgehen, müsste der Art entsprechen, wie Gott mit den Menschen umgeht. Gerechtigkeit ist darum nichts anderes, als Gott gerecht zu werden, in unserem Tun uns an Gott auszurichten. Es ist eine neue Gesinnung, die uns in rechter Weise leben lässt, die unser Leben in eine rechte innere Ordnung bringt. Jesus steht da ganz in der alttestamentlich-jüdischen Tradition. Denn Gerechtigkeit bezieht sich im Alten Testament auf den Bund Gottes mit seinem Volk. Gerechtigkeit bedeutet Treue zum Bund mit Gott. Die Maßstäbe für ein rechtes Handeln sind uns im Handeln Gottes vorgegeben. Sie leiten sich, so gesehen, aus dem Willen Gottes ab, dem wir zutrauen dürfen, dass er uns den Weg der Gerechtigkeit weist. Selig, die hungern und dürsten nach seiner Gerechtigkeit.
Bei Edith Stein lesen wir: »Wer grundsätzlich das Rechte sucht, d.h. wer gewillt ist, es immer und überall zu tun, der hat über sich selbst entschieden und seinen Willen hineingestellt in den göttlichen Willen, auch wenn ihm noch nicht klar ist, dass das Rechte zusammenfällt mit dem, was Gott

will. Aber wenn ihm das nicht klar ist, so fehlt ihm noch der sichere Weg, um das Rechte zu finden; und er hat über sich verfügt, als hätte er sich schon in der Hand, obwohl ihm die letzten Tiefen des eigenen Innern noch nicht aufgegangen sind. Die letzte Entscheidung wird erst Auge in Auge mit Gott möglich« (aus: Im verschlossenen Garten der Seele, S. 94f.).
Der Wille Gottes ist kein Diktat, kein ein für allemal kodifiziertes, unabänderliches Gesetz. Er lässt sich nicht an genau festgelegten Paragraphen, konkreten Handlungsanweisungen und Verhaltensvorschriften ablesen wie bei einer Verkehrsordnung. Ehe wir an bestimmte Forderungen denken, wie es sie in der Bergpredigt ohne Zweifel gibt, hätten wir zu entdecken, was die Grundzüge des Handelns Gottes sind. Wir müssten geradezu Gott bei seinem Handeln an den Menschen zuschauen. Wir werden dann wahrnehmen können, dass der Wille Gottes Lebenswille, Liebeswille für uns ist. Er will, dass wir überleben, was wir manchmal erst im Nachhinein feststellen können. Denn oft scheint es uns, vor allem, wenn Leid und Not uns widerfahren, als würde Gott uns in unseren Lebensmöglichkeiten beeinträchtigen. Nach dem Willen Gottes leben, ein Leben in Gerechtigkeit führen, kommt uns selbst zugute. Denn Gott kann nicht anderes wollen als das Gute.
In einem Gebet des Franz von Assisi – eine Entfaltung der Vater-unser-Bitte »Dein Wille geschehe« – wird deutlich, dass den Willen Gottes erfüllen und den Menschen dienen aufeinander bezogen sind. Er betet:

»Dein Wille geschehe, wie im Himmel so auf Erden:
Damit wir dich lieben aus ganzem Herzen,
indem wir immer an dich denken aus ganzer Seele,

indem wir nach dir verlangen aus ganzem Gemüte,
indem wir all unser Streben zu dir hinlenken
und deine Ehre in allem suchen aus all unseren Kräften,
indem wir alle unsere Kräfte und Empfindungen der Seele
und des Leibes zum Gehorsam gegen deine Liebe
und für nichts anderes aufbieten,
und damit wir unseren Nächsten wie uns selbst lieben,
indem wir alle nach Kräften zu deiner Liebe hinziehen,
uns über das Gute der anderen wie über das unsrige freuen
und in Widerwärtigkeiten Mitleid mit ihnen haben
und niemanden irgendwie beleidigen.«

Gott gerecht zu werden heißt darum genauso, anderen Menschen gerecht zu werden. Das ist die neue Gerechtigkeit, nach der wir Hunger und Durst haben sollen. Sie dient den Menschen, wie es die Art Gottes ist. Jesus ist ganz und gar von Gottes Art, er ist wie kein anderer Mensch dem Willen Gottes gerecht geworden. Aber auch für ihn war dies eine harte Prüfung, er war Versuchungen ausgesetzt, einen anderen Weg einzuschlagen als der ihm von Gott gewiesene. Seine menschliche Seele hat sich, als er in tiefe Todesnot geriet, aufgebäumt: »Abba, Vater, alles ist dir möglich. Nimm diesen Kelch von mir! Aber nicht, was ich will, sondern was du willst, soll geschehen« (Mk 14,36). Im Hebräerbrief lesen wir: »Obwohl er der Sohn war, hat er durch Leiden den Gehorsam gelernt« (Hebr 5,8). Auch er musste glauben lernen, er musste lernen, dem Willen Gottes gerecht zu werden. Im Hebräerbrief heißt es dann weiter: »Zur Vollendung gelangt, ist er für alle, die ihm gehorchen, der Urheber des ewigen Heils geworden« (Hebr 5,9).
Es gibt für uns keinen anderen Weg, dem Willen Gottes ge-

recht zu werden, als uns auf den Weg Jesu einzulassen. Er ist zum Gerechten schlechthin geworden. »Wie durch den Ungehorsam des einen Menschen die vielen zu Sündern wurden, so werden auch durch den Gehorsam des einen die vielen zu Gerechten gemacht werden« (Röm 5,19). Die neue Gerechtigkeit heißt, dass wir die Hingabe Jesu an Gott und die Menschen uns mehr und mehr zu Eigen machen. Wir können dann erfahren: Wer den Menschen gerecht wird, der wird Gott gerecht, der erfüllt den Willen Gottes. Das ist an Jesus offenbar geworden. Ihn hungerte danach, Gerechtigkeit und Frieden unter den Menschen herbeizuführen und auf diesem Weg das Reich Gottes aufzurichten.

So können wir mit einem Menschen aus dem Alten Testament beten: »Ich will hören, was Gott redet: Frieden verkündet der Herr seinem Volk und seinen Frommen, den Menschen mit redlichem Herzen. Sein Heil ist denen nahe, die ihn fürchten. Seine Herrlichkeit wohne in unserm Land. Es begegnen einander Huld und Treue; Gerechtigkeit und Friede küssen sich. Treue sprosst aus der Erde hervor; Gerechtigkeit blickt vom Himmel hernieder. Auch spendet der Herr dann Segen und unser Land gibt seinen Ertrag. Gerechtigkeit geht vor ihm her, und Heil folgt der Spur seiner Schritte« (Ps 85,9–14).

Selig die Barmherzigen

Das Wort »barmherzig«, im Althochdeutschen »armherzi«, ist eine Lehnübersetzung aus dem lat. misericors, in der Zusammensetzung von miser = arm und cor = Herz. Damit ist ausgedrückt: ein Herz für die Armen haben; für

alle jene, die darauf warten, dass wir ihnen mitfühlend begegnen. Glücklich, die ein mitfühlendes Herz haben.
»Barmherzigkeit« hat manchmal einen fast gönnerhaften Klang; jedenfalls in unserem Sprachgebrauch. Auf welche Weise ist Gott barmherzig? Er schenkt uns Barmherzigkeit nicht von oben herab. Er ist mit seinem Herzen uns zugewandt. Nicht mitleidig, sondern mit uns leidend, wenn es uns schlecht ergeht. Um Gottes Art, barmherzig zu sein, zu erkennen, kann es hilfreich sein, das hebräische Wort für Barmherzigkeit zu reflektieren. Das Wort rachum (barmherzig) ist sinnverwandt mit rechem (Mutterschoß). Barmherzigkeit ist die den Menschen zärtlich umschließende, ihn bergende mütterliche Liebe.
Wollen wir wahrnehmen, wie wir barmherzig sein sollen, dann müssen wir uns von Gottes barmherziger Liebe bewegen lassen. »Seid barmherzig, wie es auch euer Vater ist«, sagt Jesus (Lk 6,36). Schaut auf euren Vater, eure Mutter im Himmel! In den Chassidischen Erzählungen sagt ein gewisser Rabbi Alexander: »Der Mensch mag keine zerbrochenen Gefäße benutzen. Nicht so Gott, denn alle seine Diener sind zerbrochene Gefäße, wie die Schrift sagt: Nahe ist der Herr den zerbrochenen Herzen, er hilft denen auf, die zerknirscht sind« (Ps 34,19).
Zum Bedeutungsfeld Barmherzigkeit gehört in der biblischen Tradition auch die Vergebungsbereitschaft. Sie soll ebenfalls Maß nehmen an der unbegrenzten Vergebungsbereitschaft Gottes, auch denen gegenüber, die uns feindlich gesonnen sind. »Ihr aber sollt eure Feinde lieben und sollt Gutes tun und leihen, auch wo ihr nichts davon erhoffen könnt. Dann wird euer Lohn groß sein, und ihr werdet Söhne des Höchsten sein; denn auch er ist gütig gegen die Undankbaren und Bösen« (Lk 6,35). Dies will uns auch

das Gleichnis vom unbarmherzigen Gläubiger sagen (Mt 18,23–35). Diese Geschichte bedarf keines Kommentars, weil sie die Ungleichheit des Handelns Gottes und unseres Handelns offenkundig macht. Sie richtet an mich die Frage: Handle ich nicht manchmal ähnlich wie der, dem eine große Schuld erlassen wurde, der indessen seinerseits hingeht und seinem Mitmenschen die kleine Schuld nicht erlässt? Wenn wir uns die Großherzigkeit Gottes zu eigen machen, dann wird unsere Praxis des Vergebens mehr und mehr die Züge des Handelns Gottes annehmen. Wir werden ihm gleichgesinnt sein, zur Familie Gottes gehören als seine Töchter und Söhne.
»Selig die Barmherzigen, denn sie werden Erbarmen finden« (Mt 5,7), dies könnte sich so anhören, als stelle Gott Vorbedingungen. Wir dürfen dies aber nicht so verstehen, als wenn Gott erst dann barmherzig wäre, wenn wir es sind; oder als wenn er unbarmherzig wäre, wenn wir es sind. Vielmehr, wenn unser Herz verhärtet bleibt, verschließen wir uns selbst der Barmherzigkeit Gottes. Gott findet dann keine Möglichkeit, uns innerlich umzuwandeln, das Herz von Stein aus unserer Brust zu entfernen und uns ein Herz von Fleisch einzupflanzen (vgl. Ez 36,26).
Von der Sünderin, der Jesus im Hause des Pharisäers Simon begegnete, sagt er: »Ihr sind ihre vielen Sünden vergeben, weil sie so viel Liebe gezeigt hat. Wem aber nur wenig vergeben wird, der zeigt auch nur wenig Liebe« (Lk 7,47). Diese Frau hat sich dem Zug der Liebe Gottes hingegeben und hat so selber Vergebung erfahren. Und umgekehrt: Weil ihr so viel vergeben wurde, konnte sie so sehr ihrer Liebe Ausdruck verleihen. An die selbstgerechten Pharisäer dagegen, die es nicht nötig hatten, sich von

Gott lieben zu lassen, richtet Jesus das Wort: »Darum lernt, was es heißt: Barmherzigkeit will ich, nicht Opfer« (Mt 9,13). Im Jakobusbrief werden wir aufgefordert, sozusagen alles auf eine Karte zu setzen, auf die Karte der Barmherzigkeit: »Denn das Gericht ist erbarmungslos gegen den, der kein Erbarmen gezeigt hat. Barmherzigkeit aber triumphiert über das Gericht« (Jak 2,13).
Albertus Magnus hat einmal gesagt: »Wer seinem Nächsten zu Hilfe kommt – es sei geistlich oder leiblich –, der hat mehr getan als derjenige, der von Köln bis Rom an jedem Meilenstein ein Münster aus purem Gold errichtet. Denn der Menschensohn ist nicht gekommen um eines Münsters wegen, dass darin gelesen werde bis zum Jüngsten Tag, sondern um des Menschen willen.«
In »Die Frau mit der Zwiebel«, einer Geschichte von Dostojewski, hören wir: »Es lebte einmal ein altes Weib, das war sehr, sehr böse. Eines Tages starb sie. Diese Alte hatte in ihrem Leben keine einzige gute Tat vollbracht. Da kamen denn die Engel, ergriffen sie und warfen sie in den Feuersee. Ihr Schutzengel aber stand da und dachte: Kann ich mich denn keiner einzigen guten Tat von ihr erinnern, um sie Gott mitzuteilen? Da fiel ihm etwas ein, und er sagte zu Gott: Sie hat einmal aus ihrem Gemüsegärtchen ein Zwiebelchen herausgerissen und es einer Bettlerin gegeben. Und Gott antwortete ihm: Nimm dieses selbe Zwiebelchen und halte es ihr in den See, so dass sie es ergreifen und sich herausziehen kann, und wenn du sie aus dem See herausziehen kannst, so möge sie in das Paradies eingehen, wenn aber das Zwiebelchen reißt, dann soll sie bleiben, wo sie ist. Der Engel lief zu dem Weib und hielt ihr das Zwiebelchen hin: Nun, sagte er zu ihr, fass an, und wir wollen sehen, ob ich dich herausziehen kann. Und er begann vor-

sichtig zu ziehen – und zog sie beinahe schon ganz heraus. Als aber die anderen Sünder im See bemerkten, dass sie herausgezogen wurde, klammerten sie sich alle an sie, damit man auch sie mit ihr zusammen herauszöge. Aber das Weib war böse, sehr böse und stieß sie mit ihren Füßen zurück und schrie: Nur mich allein soll man herausziehen und nicht euch; es ist mein Zwiebelchen und nicht eures. Wie sie aber das ausgesprochen hatte, riss das kleine Pflänzchen entzwei. Und das Weib fiel in den Feuersee zurück und brennt dort noch bis auf den heutigen Tag. Der Engel aber weinte und ging davon.«

Noch einmal das Wort aus dem Jakobusbrief: »Das Gericht ist erbarmungslos gegen den, der kein Erbarmen gezeigt hat. Barmherzigkeit aber triumphiert über das Gericht« (Jak 2,13).

Selig, die lauteren Herzens sind

Der Glückwunsch Jesu in der sechsten Seligpreisung gilt denen, die ein lauteres Herz haben. Ihnen wird verheißen, Gott zu schauen. Es ist das Höchste, was an Gott glaubende Menschen sich ersehnen können. In jedem Menschenherzen lebt etwas von der Sehnsucht, zu seinem Ursprung zurückzukehren, nach aller Entfremdung von Gott und von sich selbst zurückzufinden in unser ewiges Zuhause. »Du, Gott, hast uns auf dich hin geschaffen. Und unruhig ist unser Herz, bis es ruhet in dir«, so verleiht Augustinus dieser Sehnsucht Ausdruck. Wir leben noch im Vorläufigen. »Alles Vergängliche ist nur ein Gleichnis«, sagt Goethe. In der Auferstehungsbotschaft des Paulus hören wir das so: »Dieses Vergängliche muss sich mit Unvergänglichkeit bekleiden« (1 Kor 15,53). Jesus verheißt uns dieses Unvergängliche in der Anschauung Gottes.

Der Tempel war für glaubende Menschen des Alten Testamentes der kultische Ort der Gegenwart Gottes. Dort suchten sie das Antlitz Gottes. Auf welche Weise konnten sie etwas von dem erfahren? »Wer«, fragt ein Beter im Psalm 24, »darf hinaufziehen zum Berg des Herrn, wer darf stehen an seiner heiligen Stätte?« Und es wird ihm die Antwort zuteil: »Der reine Hände hat und ein lauteres Herz, der nicht betrügt und keinen Meineid schwört. Er wird Segen empfangen vom Herrn und Heil von Gott, seinem Helfer. Das sind die Menschen, die nach ihm fragen, die dein Antlitz suchen, Gott Jakobs.«

Mit dem Nichtbetrügen und dem Nichtfalschschwören kommt der mitmenschliche Aspekt der Gottsuche zur Sprache. Aus der Lauterkeit unserer Beziehung zu Gott reinigen und klären sich unsere menschlichen Beziehungen.

Die Worte »lauter« und »rein« besagen mehr, als keusch zu leben. Ihr Sinn ist: Lieben in lauterer Gesinnung, absichtslos dem anderen begegnen; frei von Berechnung, ohne Falsch. Der ursprüngliche Wortgebrauch in der germanischen Sprache von »rein« bedeutet: »gesiebt«, »gesichtet«. Wir sollen gleichsam unsere Beziehung zu unseren Mitmenschen sichten und läutern. Sie muss gesiebt werden, so wie das Korn gesiebt und geschüttelt wird, um vom Spreu gereinigt zu werden (vgl. Amos 9,9). Im Bild des Läuterns ausgedrückt, unser Herz soll wie im Feuer, wie in einem Schmelzofen geläutert werden. Gott selbst ist der Schmelzer. »Er ist wie das Feuer im Schmelzofen und wie die Lauge im Waschtrog. Er setzt sich, um das Silber zu schmelzen und zu reinigen« (Mal 3, 2f.).

Wir müssten uns von Gott zurechtrücken lassen, damit er uns in das rechte Verhältnis zu ihm bringt. Und wir sollten um diese Beziehungsklärung auch beten: »Erforsche mich, Gott, und erkenne mein Herz, prüfe mich und erkenne mein Denken« (Ps 139,23). Es geht dabei nicht in erster Linie um die Prüfung einzelner Taten, sondern um die Läuterung unserer Gesinnung Gott gegenüber. Wir haben oft zu enge, von uns selbst zurechtgemachte Gottesbilder, die uns den Zugang zu Gott versperren. Augustinus sagt einmal: »Unsere Aufgabe in diesem Leben ist, das Auge des Herzens zu heilen, mit dem Gott gesehen wird.« Unsere Augen sollen geheilt werden von menschlichen Sehweisen, unser Denken gereinigt werden von menschlichen Denkweisen.

Dies will uns auch das alttestamentliche Bilderverbot sagen (vgl. Dtn 4,23). Es ist die Versuchung fast aller Religionen, Gott zu vergegenständlichen, zu verdinglichen, ihn auf begriffliche Formeln festzulegen, von ihm Besitz zu ergreifen. Gott will sich uns zu Eigen geben; doch wir dürfen uns ihn nicht aneignen. Ein Nikolaus von Kues begnügte sich mit der so genannten negativen Theologie, nach der wir in diesem Leben von Gott nur das aussagen können, was er nicht ist.

»Wenn aber das Vollendete kommt«, sagt Paulus, »vergeht alles Stückwerk ... Jetzt schauen wir in einen Spiegel und sehen nur rätselhafte Umrisse, dann aber schauen wir von Angesicht zu Angesicht. Jetzt erkenne ich unvollkommen, dann aber werde ich durch und durch erkennen, so wie ich auch durch und durch erkannt worden bin« (1 Kor 13,10.12). Erkennen bedeutet in der biblischen Sprache nicht ein verstandesmäßiges Erkennen, sondern meint das Vertraut-Werden von Menschen, die sich lieben – hier

übertragen auf das Eins-Werden von Gott und Mensch. Auch unser Wort »Intellekt« meint von seinem lateinischen Ursprung her ein »intus legere«, ein im Innern lesen. Das paulinische »durch und durch erkennen« und »durch und durch erkannt werden« bedeutet, auf die Beziehung zu Gott angewandt, ein sich mit Gott vertraut machen. Dies ist ein langer Weg, bei dem innere Anfechtungen und Dunkelheiten des Herzens nicht ausbleiben.
Wenn wir Gott einmal unverhüllt schauen dürfen, dann nur wie durch Feuer hindurch. Wir sollen uns ihm in ehrfürchtiger Scheu nahen, sagt der Hebräerbrief, denn »unser Gott ist verzehrendes Feuer« (Hebr 12,29; vgl. auch Dtn 4,24). Bei Jesaja lesen wir: »Wer von uns hält es aus neben dem verzehrenden Feuer, wer von uns hält es aus neben der ewigen Glut?« (Jes 33,14). Was wir das Purgatorium nennen, ist kein Ort der Bestrafung, sondern ein Ort der Läuterung. Es ist das letzte Lauterwerden, um Gott zu schauen, um in ihn hinein verwandelt zu werden.
Für jetzt bleibt uns, Gottes Angesicht zu suchen. Gott lässt sich finden, wenn wir ihn suchen. Diese Zuversicht kommt im Psalm 27 zur Sprache: »Mein Herz denkt an dein Wort: Sucht mein Angesicht! Dein Angesicht, Herr, will ich suchen. Verbirg nicht dein Gesicht vor mir!« In einem anderen Psalm betet einer mit sehnsüchtigem Herzen: »Wie der Hirsch lechzt nach frischen Wasser, so lechzt meine Seele, Gott, nach dir. Meine Seele dürstet nach Gott, nach dem lebendigen Gott. Wann darf ich kommen und Gottes Antlitz schauen?« (Ps 42, 2f.). Die Erfüllung dieser uralten Sehnsuchtsrufe verheißt Jesus denjenigen, die lauteren Herzens sind. Sie werden Gott schauen.

Salz der Erde – Licht der Welt
(Mt 5, 13–16)

»Ihr seid das Salz der Erde ... Ihr seid das Licht der Welt.« Diese Worte schließen sich unmittelbar an die Seligpreisungen an. Im Unterschied zu den ersten acht Seligpreisungen: Selig die Armen, selig die Trauernden ..., ist in der letzten Seligpreisung die direkte Anrede gewählt. »Selig seid ihr, wenn ihr um meinetwillen beschimpft und verfolgt und auf alle mögliche Weise verleumdet werdet ...«. Und ohne Übergang heißt es dann: »Ihr seid das Salz der Erde ... Ihr seid das Licht der Welt.« Man darf annehmen, dass dem Evangelisten daran gelegen war, hier einen Zusammenhang herzustellen. Die, die arm sind, die trauern, die gewaltlos handeln, die verfolgt werden, sie sind Salz der Erde und Licht der Welt.
Jesus sagt nicht: Ihr sollt das Salz der Erde sein! Ihr sollt das Licht der Welt sein! Er sagt: Ihr seid das Salz der Erde. Ihr seid das Licht der Welt. Diese Worte hat Jesus an seine Jünger gerichtet. Und er richtet sie an alle diejenigen, die ihm gefolgt sind und ihm bis heute folgen. Doch wenn ich mich so anschaue in meiner menschlichen Schwachheit und Unzulänglichkeit, dann fällt es mir schwer zu glauben, ich sei Salz der Erde, ich sei Licht der Welt. Lassen wir die Worte Jesu, bei allen Bedenken, die sich in uns regen mögen, zuerst einmal so stehen. Ehe wir uns fragen, wie wir Salz der Erde und Licht der Welt sein können und warum wir das zu sein vermögen, betrachten wir zunächst die beiden Bildworte »Salz« und »Licht«. Jesus verwendet diese Bilder, um sie auf seine Jünger und Jüngerinnen, auf uns anzuwenden.

Salz der Erde

Nicht nur diejenigen, die etwas vom Kochen verstehen, wissen, wozu Salz gut ist. Sicher kann man mit allerlei Gewürzen Speisen schmackhaft, bekömmlich machen. Doch auf Salz wird man als Basisgewürz nicht verzichten können. Salz würzt nicht nur, es reinigt auch. Es dient auch der Heilung. Zudem bewahrt es vor Fäulnis und bewirkt, dass die Speisen nicht verderben. Darum ist das Salz so wertvoll. Obwohl Salz nur in kleinen Mengen den Speisen beigegeben wird und in ihnen aufgeht, erzeugt es doch eine große Wirkung. Man kann dies auch im übertragenen Sinne verstehen. Als Salz der Erde sind wir klein und unscheinbar und können doch vieles bewirken. Weiter sagt Jesus: »Wenn das Salz seinen Geschmack verliert, womit kann man es wieder salzig machen? Es taugt zu nichts mehr.« Er knüpft damit an Erfahrungen seiner Zeit an. Damals konnte durch Vermischung des reinen Salzes mit anderen Stoffen der Geschmack des Salzes beeinträchtigt werden. Das Salz konnte sogar verderben, konnte kraftlos werden. Und dann taugte es zu nichts mehr.
Vom Salz ist auch sonst in den Evangelien die Rede. Bei Mk 9,49f. lesen wir: »Jeder wird mit Feuer gesalzen werden.« Damit könnte gemeint sein, dass uns Leiden und Nöte nicht erspart bleiben. Sie sollen der Läuterung und der Festigung im Glauben dienen. Einen Vers weiter hören wir bei Markus: »Habt Salz in euch, und haltet Frieden untereinander« (Mk 9,50). Friedvoll miteinander umgehen, dies wird genährt vom Salz als Bild für Kraft und Stärke. Dadurch werden wir zum Frieden tauglich.

Licht der Welt

Eindrucksvoll ist auch das Bild vom Licht. Ohne Licht, ohne die Sonne, die große Energie- und Wärmequelle für unsere Erde, gäbe es kein Leben. Mit der Entdeckung des Feuers ist es dem Menschen gelungen, auf vielerlei Art für Licht und Wärme zu sorgen. Was für Menschen das Licht bedeutet, erfahren besonders diejenigen, die es entbehren müssen. So, wenn Menschen in Dunkelhaft eingesperrt werden. Oder denken wir an erblindete Menschen, die nicht mehr sehen können, wie Erde und Menschen vom Licht beschienen werden.
Salz der Erde und Licht der Welt sind Bilder für die innere Wirkkraft und Leuchtkraft seiner Jüngerinnen und Jünger. Bei Bildern, bei Metaphern, sollte man immer das »wie« mithören. Wenn wir uns an Jesus orientieren, an seiner befreienden Botschaft, dann sind wir wie Salz der Erde, sind wir wie Licht der Welt. Im Bild des Salzes gesprochen: Wir würzen wie mit Salz unser Leben und das Leben anderer. Unser Leben als Christen wird schmackhaft durch das Evangelium, das wir verkünden, vor allem durch das Evangelium, das wir leben. Leute, die dauernd moralisieren, machen das Leben der Menschen nicht schmackhaft. Sie haben zu viel Salz in ihren Worten, sie versalzen das Leben der Menschen.
Doch auch das andere, was Jesus sagt, sollten wir nicht überhören, weil es auf uns Anwendung finden könnte: »Wenn das Salz seinen Geschmack verliert, womit kann man es wieder salzig machen?« Wenn ich, der ich mich nach Christus benenne, den Geschmack der Liebe und der Freundlichkeit verloren habe, dann bin ich innerlich schal und fade geworden. Jesus könnte dann nicht mehr zu mir

sagen: Du bist das Salz der Erde! Im Bild des Lichtes gesprochen: Wir bringen, sofern wir selber Licht sind, Licht auch in das Leben anderer Menschen, machen es heller. Wir werden transparent, durchsichtig für das Licht, das von Gott her kommt.

Die Stadt auf dem Berge

Mit der Bildrede vom Salz der Erde und vom Licht der Welt verbindet Jesus noch andere Metaphern: »Eine Stadt, die auf einem Berg liegt, kann nicht verborgen bleiben.« Ob dabei an eine bestimmte Stadt in Galiläa oder an Jerusalem gedacht ist, mag dahingestellt sein. Jedenfalls bedarf das Bildwort keiner Erklärung. Das Bild von der hochragenden Stadt soll ausdrücken: Wir sind nicht zu übersehen, wirken anziehend, wenn wir wahrhaft Christen sind. Ähnliches will das andere Bild aussagen: »Man zündet auch nicht ein Licht an und stülpt ein Gefäß darüber, sondern man stellt es auf den Leuchter; dann leuchtet es allen im Haus.« Ein solches Gefäß, auch Scheffel genannt, fehlte in früheren Zeiten in keinem Haushalt und war die sicherste und ungefährlichste Art, das Licht auszulöschen. Der Satz: »Man zündet auch nicht ein Licht an und stülpt ein Gefäß darüber, sondern man stellt es auf den Leuchter; dann leuchtet es allen im Haus« will wohl besagen: Man zündet nicht ein Licht an, um es gleich wieder auszulöschen. Man stellt es vielmehr auf einen Leuchter.

Es gibt Bibelwissenschaftler, die vermuten, Jesus habe dieses Bildwort ursprünglich auf sich selbst bezogen. Möglicherweise in einer Situation, in der Freunde ihm zuredeten, sich zurückzuhalten, um sich nicht den Hass seiner

Gegner zuzuziehen. Jesus hätte dann in diesem Bildwort die Antwort gegeben: Man zündet doch nicht eine Lampe an, um sie gleich wieder auszulöschen. Ich verkünde doch nicht das Evangelium, um mich dann davonzumachen. Ich will vielmehr, dass das, was ich verkünde, sich durch mein Leben bewahrheitet. Im Kontext der Bergpredigt ist dieses Wort jedoch an uns gerichtet mit der Aufforderung: »So soll euer Licht vor den Menschen leuchten, damit sie eure guten Werke sehen und euren Vater im Himmel preisen« (Mt 5,16).

Welche guten Werke können hier gemeint sein? Gemeint ist ein Handeln, wie es uns in den die Bergpredigt einleitenden Seligpreisungen vor Augen geführt wird. Mit den Armen und Unterdrückten solidarisch sein, die Trauernden trösten, gütig und barmherzig sein, Frieden stiften, gewaltlos handeln. Jesus sagt zudem, warum die Menschen unsere guten Werke sehen sollen. Damit wir sie dadurch auf Gott hinlenken.

Also keine Selbstbespiegelung, kein Handeln aus eitler Ruhmsucht, kein Sich-zur-Schau-Stellen. Vielmehr Verherrlichung Gottes durch unsere guten Werke. Wenn Menschen uns als solche erfahren, die aus dem Geist der Bergpredigt handeln, dann hätten sie nicht uns zu loben, sondern den, der uns zu diesem Handeln erst befähigt. Wir sollen den preisen, der uns Menschen überhaupt erst die Kraft verleiht, das Gute zu verwirklichen. Paulus sagt es im Blick auf Jesus: »Wer sich also rühmen will, der rühme sich des Herrn« (1 Kor 1,31). Wir können nicht besser den himmlischen Vater preisen, als so zu leben, dass die Menschheit immer mehr zur Gerechtigkeit und zum Frieden findet.

Wir wären als Christen völlig überfordert, wollten wir aus

eigener Kraft Licht der Welt sein. Jesus sagt von sich: »Ich bin das Licht der Welt« (Joh 8,12). In ihm ist auf eine einzigartige, unvergleichliche Weise Licht in die Welt gekommen. So wie er ist kein Mensch Licht der Welt. Denn in Jesus leuchtet das unerschaffene Licht auf, das aus der Lichtfülle Gottes kommt. Das Licht, das wir dann ausstrahlen, das Licht, das wir dann selber sind, empfängt seine Strahlkraft allein aus ihm. Und wenn dieses Licht in uns zu leuchten beginnt, können wir selber Licht für andere Menschen sein. Unser Licht leuchten zu lassen bedeutet nicht, dass wir große Leuchten sein müssen. Gerade unscheinbare Menschen, Menschen, die nichts aus sich machen, wirken überzeugender als diejenigen, die meinen, sie seien etwas Besonderes.

In den Bildworten »Salz der Erde«, »Licht der Welt«, »Stadt auf dem Berge« erkennen wir auch einen missionarischen Impuls. Aber wie können wir Salz der Erde, Licht der Welt, Stadt auf dem Berge sein in einer pluralistischen, zum Großteil säkularisierten und entchristlichten Gesellschaft? Wie können wir Menschen für den christlichen Glauben gewinnen oder zurückgewinnen? Es müsste uns ja ein Herzensanliegen sein, dass möglichst viele Menschen Gott kennenlernen, wie er sich im Alten und Neuen Bund, vor allem in Jesus, zu erkennen gegeben hat.

Papst Paul VI. hat kurz vor dem Ende des Konzils eine Enzyklika – »Ecclesiam suam« – geschrieben, die den Wegen der Kirche zu den Menschen nachgeht. Da heißt es: »Bevor man die Welt zum Glauben führt, um sie zu bekehren, muss man sich ihr nahen und mit ihr sprechen ... Unser Dialog soll keine Grenzen und keine Berechnung kennen.« Den Dialog mit nicht glaubenden oder der Kirche fernstehenden Menschen führen, sofern sie das Gespräch suchen, heißt, dass wir uns auf sie einlassen, dass wir uns in ihre Mentalität, in ihre menschliche Situation hineindenken, dass wir zuhören können und ihre Bedenken und Erwartungen ernst nehmen. Vielleicht werden wir dann sogar wahrnehmen, dass sie in ihrer Lebenseinstellung und ihrem Verhalten auch uns etwas zu geben haben. Wir haben die Liebe nicht gepachtet.

Einfühlungsvermögen ist auch dann gefragt, wenn Menschen sich dem christlichen Glauben anzunähern versuchen. Dafür sollten wir ihnen die nötige Zeit und den nötigen Freiraum lassen. Ob sie dann einmal inneren Anschluss an eine christliche Gemeinde finden, das liegt nicht in unserer Hand. Verfehlt wäre jede auch noch so gut gemeinte Form von kirchlicher Vereinnahmung. Wie der Kontakt mit der Kirche, einer Gemeinde, konkret aussieht, sollten nicht wir bestimmen. Distanz und Nähe zur kirchlichen Glaubensgemeinschaft müssen Menschen, die auf der Suche sind, selber finden.

Angesagt ist Zweckfreiheit, was die sozial-caritativen Dienste betrifft, die eine christliche Gemeinde durch ihre Mitarbeiterinnen und Mitarbeiter anbietet. Es kann dann vielleicht sein, dass die Menschen, denen sie helfen, etwas von ihrer christlichen Gesinnung wahrnehmen. Aber darauf sollte nicht abgezielt werden. Wenn Christen durch ihr menschliches Verhalten, durch ihre Liebe glaubwürdig werden, dann wird man sie schon identifizieren. »Daran«, sagt Jesus, »werden alle erkennen, dass ihr meine Jünger seid: wenn ihr einander liebt« (Joh 13,35).

Kardinal Suhard, der in den vierziger Jahren Erzbischof von Paris war, hat auf die Frage, wie wir Christen missionarisch wirken könnten, die Antwort gegeben, wir sollten so leben, dass andere sich fragen: Warum leben die so? Warum kümmern sie sich um Notleidende? Warum setzen sie sich in ihrem gesellschaftlichen Umfeld für andere ein? Roger Schutz, der verstorbene Prior von Taizé, hat einmal gesagt: »Lebe das vom Evangelium, was du verstanden hast, und sei es noch so wenig. Aber lebe es.« Wenn wir in überzeugender Weise aus der Gesinnung Jesu und dem Geist der Bergpredigt zu leben versuchen, dann sind wir Salz der Erde, Licht der Welt. Salz, das die christliche Botschaft durch uns schmackhaft, anziehend macht. Licht, indem wir durch Liebe und Freundlichkeit etwas ausstrahlen von der Güte und Menschenfreundlichkeit Gottes.

Glaubt an das Evangelium

Im ersten Kapitel des Markusevangeliums lesen wir: Jesus »verkündete das Evangelium Gottes und sprach: Die Zeit ist erfüllt, das Reich Gottes ist nahe. Kehrt um, und glaubt an das Evangelium!« (Mk 1,14f.). Wenn man so will, sind die Forderungen der Bergpredigt eigentlich nur Folgesätze, die unerfüllbar blieben ohne den Vordersatz, der alles aufschlüsselt: dass nämlich in Jesus das Reich Gottes nahe herbeigekommen ist, dass in ihm die Herrschaft Gottes in dieser Welt ihren Anfang genommen hat. Die Sätze der Bergpredigt erhalten damit eine noch tiefere Dimension. Besonders in den Antithesen will uns Jesus zu einem neuen Denken und einem veränderten Verhalten hinführen. Es wird an einigen Beispielen aufgezeigt, wie unser Leben aussehen könnte, wenn wir an das Reich Gottes glauben, das in Jesus angebrochen ist. Jesus scheut darum auch nicht den Imperativ: Ihr sollt nun wirklich dem Bruder nicht mehr zürnen, ihr sollt auf Gewalt verzichten, ihr sollt zur Versöhnung auch mit einem euch nicht wohlwollend gesonnenen Menschen bereit sein. Dass Jesus so schwere Forderungen stellt, lässt sich nur im Horizont der uns im Voraus geschenkten Liebe Gottes sehen.
Die Umkehr, die Jesus fordert, ist der Glaube an das Evangelium. »Kehrt um, und glaubt an das Evangelium!« Erst aus dem Glauben an die befreiende Botschaft des Evangeliums gewinnen wir die Kraft, die Weisungen der Bergpredigt in die Tat umzusetzen. Hier wird noch einmal deutlich, worin der fundamentale Unterschied liegt zwischen dem Gesetz und dem Evangelium. Das Gesetz lässt den Menschen auf seine eigene Kraft setzen. Es fordert ihm mo-

ralische Leistungen ab. Das Evangelium hingegen lässt uns an die uns frei geschenkte Liebe Gottes glauben, um aus diesem Glauben heraus die Kraft zu gewinnen, unser Leben zu ändern. Der evangelische Theologe Joachim Jeremias empfiehlt, die Ausdrücke christliche Ethik, christliche Moral zu vermeiden. Diese aus der philosophischen Ethik genommenen Ausdrucksweisen seien missverständlich. Man solle stattdessen vom gelebten Glauben sprechen. Denn damit würde klar, dass Gottes Gabe unserem Tun vorausgeht. Wir können uns nicht genug bewusst machen, dass die Bergpredigt erst gelebt werden kann, wenn wir an Gottes zuvorkommende Liebe glauben. Wozu uns die Bergpredigt hinführen will, ist gelebter Glaube.

»Aus Gnade seid ihr gerettet« (Eph 2,5) – dieses Wort aus dem Brief des Paulus an die Christengemeinde von Ephesus trifft die Herzmitte unseres Glaubens und unserer christlichen Lebenspraxis. Mit ihm ist angesprochen, worauf wir unsere Hoffnung setzen können: auf die Erlösung, die von Gott kommt. Aus Gnade seid ihr gerettet – das bedeutet: Gott schenkt uns alles »gratis«, umsonst (das Lehnwort »gratis« ist abgeleitet vom lateinischen gratia, Gnade). Wenn ein Mensch einem anderen seine Liebe gratis schenkt, ohne vorher etwas zu verlangen, dann zeugt das von einer tiefen uneigennützigen Liebe. Vor allem Gott fragt nicht erst: Was gibst du mir? Was hast du aufzuweisen, damit ich dich lieben kann? Wenn wir uns von Gott geliebt wissen, ohne Vorleistungen und Gegenleistungen, dann fühlen wir uns reich beschenkt. Kinder können das auch erfahren, wenn sie sich die Liebe ihrer Eltern nicht durch Artigsein erkaufen müssen. So wie die kleine Anna in dem Buch »Hallo, Mr. Gott« zu ihrer Mutter sagt: »Gell, du hast mich gern, einfach wegen nix!« Ja, auch Gott, und gerade er, liebt uns einfach wegen nix. Wir brauchen nicht zuerst Leistungen vorzuweisen, um Gott dazu zu bringen, dass er uns liebt.

»Aus Gnade seid ihr gerettet« – dies sagt Paulus im Blick auf die uns in Christus zuteilgewordene Erlösung. »Dadurch«, sagt er, »dass er (Gott) in Christus Jesus gütig an uns handelte, wollte er den kommenden Zeiten den überfließenden Reichtum seiner Gnade zeigen. Denn aus Gnade seid ihr durch den Glauben gerettet, nicht aus eigener Kraft – Gott hat es geschenkt –, nicht aufgrund eurer Werke, damit keiner sich rühmen kann« (Eph 2,7f.). Von Helmut Thielicke stammt das Wort: »Gott liebt uns nicht, weil wir so wertvoll sind, sondern wir sind so wertvoll, weil Gott uns liebt.« Ein himmelweiter Unterschied!

Weswegen konnte Jesus mit seiner Liebe in den Herzen der geistlichen Führer Israels, den Schriftgelehrten und Pharisäern, keinen Widerhall finden? Weil sie sich ihrer eigenen Werke rühmten, weil sie sich in ihrem Leistungsstolz letztlich nicht angewiesen wussten auf Gottes erlösendes Wirken an ihnen. Sie meinten, durch ihre frommen Werke Gottes Wohlwollen herbeizwingen zu können. Diejenigen jedoch, mit denen Jesus zum Entsetzen der gesetzestreuen Leute Umgang pflegte: die in Schuld gefallenen Menschen wie Zöllner und Dirnen, sie fühlten sich auf Gottes Liebe angewiesen. Sie kamen sich vor Gott arm vor und wussten sich von Jesus reich beschenkt.

Sehr deutlich wird uns dies im Gleichnis Jesu vom Pharisäer und Zöllner bewusst gemacht (Lk 18,9–14). Es ist an diejenigen gerichtet, die von ihrer eigenen Gerechtigkeit überzeugt waren und auf ihre eigenen frommen Werke setzten. Der Pharisäer geht in den Tempel, um zu beten, er stellt sich vorne hin und dankt Gott, dass er nicht ist wie die anderen Menschen. Die Räuber, die Betrüger, die Ehebrecher und auch wie der Zöllner, den er hinten im Tempel stehen sieht. Dann breitet er vor Gott das aus, was er geleistet hat. Er fastet zweimal in der Woche und gibt dem Tempel den zehnten Teil seines ganzen Einkommens. Er hatte also einiges getan. Der Zöllner wagt nicht einmal, seine Augen zum Himmel zu erheben. Er schlägt sich an die Brust und betet: Gott, sei mir Sünder gnädig. Was immer dieser Zöllner dort im Tempel im Einzelnen an Schuld auf sich geladen hatte, er sah seine Vergehen ein und bat Gott um Vergebung. Von ihm sagt Jesus, dass er als Gerechter nach Hause zurückkehre. Man kann auch sagen: im Frieden mit Gott und mit sich selbst. Der Pharisäer hingegen ging nicht gerechtfertigt davon, weil er meinte, durch die Erfüllung gesetzlicher Vorschriften Gott dazu zu bringen, dass er ihn liebt.

Der Pharisäer und der Zöllner werden von Jesus als Kontrastfiguren vorgestellt, mit verschiedenen Denk- und Verhaltensweisen. Der Pharisäer verkörpert den gesetzestreuen, auf seine Leistungen pochenden Menschen, der von Gott erwartet, dass er ihn für seine guten Werke belohnt. Der Zöllner stellt einen Menschen dar, der sich ganz auf Gottes Liebe angewiesen weiß, der sich von ihm angenommen und geliebt weiß, obwohl er in Schuld gefallen ist. Jesus will uns an dieser Beispielrede zeigen, dass wir im Frieden mit Gott und mit uns selbst leben können, wenn wir uns die Gesinnung des Zöllners zu eigen machen, uns ganz und gar Gott verdankt wissen. Was wir selber zu tun vermögen, verdanken wir allein seiner schenkenden, freigebigen Güte.

Dass Gott gut ist, ehe wir überhaupt etwas tun können, wird uns sehr eindrücklich am Glaubensweg des Apostels

Paulus vor Augen geführt. Paulus hat in seiner eigenen Glaubensgeschichte eine tiefgreifende Umwandlung erfahren. Er hatte die meisten, wie er einmal schreibt, in der Treue zum jüdischen Gesetz übertroffen (Gal 1,4; Phil 3,6). Aber dann wurde er zu der Einsicht geführt: Alles, was ich bisher getan habe, war eitles Rühmen aufgrund perfekter Gesetzeserfüllung. Jetzt jedoch, schreibt er an die Christen von Philippi, »suche ich nicht meine eigene Gerechtigkeit, die aus dem Gesetz hervorgeht, sondern jene, die durch den Glauben an Christus stammt, die Gerechtigkeit, die Gott aufgrund des Glaubens schenkt« (Phil 3,9; vgl. auch Gal 2,6). Paulus setzt allein auf die Gnade: »Durch die Gnade Gottes bin ich, was ich bin« (1 Kor 15,10). Wenn wir auf die Menschen schauen, die wir Heilige nennen, so wüsste ich keinen, der jemals auf seine guten Taten gepocht hat. Was sie an Gutem zustandebrachten, buchten sie allein auf das Konto Gottes. Thérèse von Lisieux führte nicht wie ihre Mitschwestern im Karmel am Abend Buch über das, was sie an frommen Übungen tagsüber getan hatte. Sie hat einmal gebetet: »Am Abend meines Lebens werde ich mit leeren Händen vor Dir erscheinen; denn ich bitte: Zähle meine guten Werke nicht, Herr! Alle unsere Gerechtigkeit ist voller Fehler in Deinen Augen. Ich will mich also mit Deiner Gerechtigkeit bekleiden und mit Deiner Liebe Dich selbst empfangen.« Was wir tun können, besonders im Leben nach den Weisungen der Bergpredigt, folgt erst aus dem Glauben an Gottes Wirken an uns. Wenn wir meinen, durch unsere eigenen Werke und nicht aufgrund der uns geschenkten Gnade das Heil erlangen zu können, dann erliegen wir einer Werkgerechtigkeit, einem Leistungsstolz. Der Glaube hat den Primat, die Werke folgen daraus.

Es gibt Menschen, die sich in den moralischen Vorschriften gut auskennen und diese auch perfekt befolgen. Doch sie erkennen nicht mehr den großen Zusammenhang, haben den Lebensfaden übersehen, an dem alles hängt. Dies will die Geschichte von einer Spinne veranschaulichen. Nachdem sie ihr Netz immer engmaschiger gesponnen und allerlei Beute gemacht hatte, lief sie das Netz nach einem erfolgreichen Tag noch einmal ab. Sie vernarrte sich richtig darin. Dann sah sie auf einmal wieder den Faden nach oben. Vor lauter Spinnen und Herumlaufen und Fangen hatte sie ihn völlig übersehen, hielt ihn schließlich für überflüssig und biss ihn kurzerhand ab. Im gleichen Augenblick riss das ganze Netz entzwei und fiel in sich zusammen. Die Geschichte von der Spinne kann deutlich machen, woran unser Tun hängt. Unser Handeln würde ins Leere laufen, wäre nicht Gott für uns Stütze und Halt. Gerade auch in unserem Bemühen, dem Anspruch der Bergpredigt zu genügen, sind wir von Gott gehalten.

Ein Martin Luther King, der im Einsatz für seine unterdrückten und geknechteten Menschenbrüder bis zum Letzten gegangen ist, hat dabei ganz auf Gott gesetzt. Er hat einmal geschrieben: »Wenn wir uns nicht auf Gott verlassen, scheitern alle unsere Bemühungen. Aber wenn sein Geist unser Leben verwandelt, finden wir Lösungen für unsere Schwierigkeiten.« Das waren seine Erfahrungen. Seine Bemühungen um eine gerechtere Welt wären zum Scheitern verurteilt gewesen, hätte er sich nicht auf Gott verlassen. Und er war davon überzeugt, dass es Lösungen im Kampf um die Menschenrechte erst dann gibt, wenn Gottes Geist unser Leben verwandelt. Gottes Geist wird unser Leben verwandeln, wenn wir aus dem Geist der Bergpredigt leben.

Die unterschiedliche Gewichtung von Verkündigung des Reiches Gottes und dem, was für unser Leben daraus folgt, hat auch in der Redaktion der Evangelien ihren Niederschlag gefunden. Die Evangelisten haben die überlieferten Worte und Taten Jesu nach bestimmten Gesichtspunkten zusammengestellt. Wir können zwei große Textgruppen unterscheiden. Zum einen sind es Texte der Verkündigung, die das in Jesus angebrochene Reich Gottes ausrufen (Kerygma). Zum anderen sind es Texte der Unterweisung, die zur Praxis eines gelebten Glaubens anleiten sollen (Didache). Der letzteren ist die Bergpredigt zuzuordnen. Sie ist so etwas wie eine Anleitung zu einem Leben in der Nachfolge Jesu. Das Kerygma, die Verkündigung, möchte Menschen dazu bringen, das Reich Gottes anzunehmen. Die Didache, die Unterweisung, wendet sich an diejenigen, die das Reich Gottes schon im Glauben angenommen haben.

Die Texte der Bergpredigt sind insofern Folgesätze, als die Bergpredigt in ihrer jetzigen Gestalt so etwas wie ein urchristlicher Katechismus ist. Sie richtet sich an solche Menschen, die noch ganz unter dem Eindruck der Botschaft von dem in Jesus nahe herbeigekommenen Reich Gottes stehen. An Menschen, die durch das ihnen verkündete Evangelium auf einen neuen Weg geführt wurden. Die Seligpreisungen, die das Tor zur Bergpredigt weit aufstoßen, sprechen die Zugehörigkeit zum Reiche Gottes denen zu, die Jesu Verhalten zum Maßstab ihres Lebens gemacht haben.

Genau in der Mitte der Bergpredigt steht das »Vater unser« und im »Vater unser« die zentrale Bitte: »Dein Reich komme« (Mt 6,10). Wenn wir beten »Dein Reich komme«, dann bitten wir darum, dass es auch zu uns komme, dass es sich in unserem Herzen ausbreite. Weil wir indes immer wieder merken, wie schwer unser Denken und Tun in neue Bahnen zu lenken sind, wie sehr unser Sinnen und Trachten oft der Liebe entgegenwirken, können wir nicht genug beten: Dein Reich komme! Lass es Gestalt gewinnen in unserem Leben durch Taten der Liebe, des Friedens und der Gerechtigkeit.

Die neue Gerechtigkeit

Beim Evangelisten Matthäus hat das Thema Gerechtigkeit einen hohen Stellenwert; im Unterschied zu den anderen Synoptikern. So kommt bei Markus das Wort gar nicht vor, bei Lukas nur einmal, bei Matthäus hingegen siebenmal. Wir sahen schon, dass Gerechtigkeit in der biblischen Tradition mehr bedeutet als soziale Gerechtigkeit. Es ist ein Geschehen zwischen Gott und Mensch. Im Alten Testament wird die Gerechtigkeit gesehen als die im Bundesschluss grundgelegte Beziehung zwischen Gott und dem Volke Israel, zu dem Gott in unverbrüchlicher Treue steht. Das Volk Israel soll dem entsprechen in der Treue zum Bund mit Gott, und diese Treue soll sich erweisen im Gehorsam gegenüber dem Ruf und den Weisungen Gottes. Joseph Ratzinger schreibt in seinem Jesusbuch: »Gerechtigkeit ist in der Sprache des Alten Bundes der Ausdruck für die Treue zur Thora, die Treue zum Wort Gottes, wie sie immer wieder vom Propheten angemahnt worden war. Sie ist das Einhalten des von Gott gezeigten rechten Weges, dessen Mitte die Zehn Gebote sind. Die neutestamentliche Entsprechung zum alttestamentlichen Begriff der Gerechtigkeit ist der Glaube. Der Gläubige ist der Gerechte, der auf Gottes Wegen geht (Ps 1; Jer 17,5–8). Denn der Glaube ist das Mitgehen mit Christus, in dem das ganze Gesetz erfüllt ist, er eint uns mit der Gerechtigkeit Christi selber« (S. 119).

In der Bergpredigt wird die Gerechtigkeit zu einem Leitwort für ein Verhalten, das auf eine größere Gerechtigkeit hinzielt als die von den Pharisäern und Schriftgelehrten geübte Praxis. Jesus setzt neue Maßstäbe. Er erscheint gleichsam als der neue Mose. Darum hat der Evangelist Matthäus, wie schon erwähnt, Jesus seine Worte auf einem Berg sprechen lassen. »Wenn eure Gerechtigkeit nicht weit größer ist als die der Schriftgelehrten und der Pharisäer, werdet ihr nicht in das Himmelreich kommen« (Mt 5,20).

Dieses Wort steht programmatisch vor den so genannten Antithesen. »Antithesen« heißen sie deswegen, weil Jesus den dort zitierten Geboten des Alten Testamentes: »Ihr habt gehört, dass zu den Alten gesagt worden ist ...« das »Ich aber sage euch ...« gegenüberstellt. Mit dem »Ich aber sage euch« spricht Jesus mit einer ihm von Gott verliehenen Vollmacht. Nie hätte ein Schriftgelehrter, wenn er das Gesetz auslegte, ein solches »Ich aber sage euch« aussprechen dürfen, was Blasphemie, Gotteslästerung gewesen wäre. Das »Ich aber sage euch« Jesu erhebt einen hohen Anspruch, weil es in den Antithesen nicht um die Auslegung bestimmter Gesetze geht, sondern um das Gesetz selber, das Jesus auf eine neue, tiefere Weise auslegt. Weil er mit göttlicher Autorität spricht, ist er nicht auf menschliche Autoritäten angewiesen, die seine Worte bekräftigen. Am Ende der Bergpredigt heißt es, dass die Menschen über seine Lehre erschraken, weil er mit Vollmacht lehrte »und nicht wie ihre Schriftgelehrten« (Mt 7,28f.). Über die Vollmacht Jesu sagt Joseph Ratzinger: »Damit ist natürlich nicht eine rhetorische Qualität von Jesu Reden gemeint, sondern der offenkundige Anspruch, selbst auf der Höhe des Gesetzgebers – auf der Höhe Gottes – zu stehen. Das ›Erschrecken‹ ist genau das Erschrecken darüber, dass ein Mensch mit der Hoheit Gottes selbst zu sprechen wagt« (S. 134).

Jesus will das alttestamentliche Gesetz, die Thora, nicht abschaffen. Der Evangelist Matthäus betont sehr dezidiert,

Jesus sei nicht gekommen, das Gesetz und die Propheten aufzulösen, sondern zu erfüllen (Mt 7,27). Noch einmal Joseph Ratzinger: »Es geht nicht um Aufhebung, sondern um Erfüllung, und diese Erfüllung verlangt ein Mehr, nicht ein Weniger an Gerechtigkeit« (S. 133). Es ist anzunehmen, dass in nicht-judenchristlichen Kreisen, in hellenistischen Gemeinden, dem alttestamentlichen Gesetz nur eine geringe Bedeutung beigemessen wurde. Dem wollte Matthäus entgegensteuern und betonte darum so sehr das »nicht auflösen«. Wenn Jesus das Gesetz nicht auflösen, sondern erfüllen wollte, dann ist darunter keine noch genauere Befolgung gesetzlicher Vorschriften zu verstehen, keine quantitative Vermehrung der Gesetzesvorschriften durch eine noch gewissenhaftere Befolgung, sondern eine qualitative Steigerung, die die Liebe zum Grundmaß menschlichen Handelns macht. Erfüllen bedeutet: Jesus bringt das Gesetz zur Erfüllung, zur Vollendung, indem er es konsequent auf das Liebesgebot hin auslegt. Die größere Gerechtigkeit ist nicht ein Mehr an Gesetzestreue, sondern ein Mehr an Gottes- und Nächstenliebe.

In der Bergpredigt wird uns gesagt, worin alles wahrhaft menschliche Handeln gründet. In der Liebe. Darum ist die Bergpredigt radikaler als das alttestamentliche Gesetz (»radikal« kommt vom lateinischen radix, Wurzel). Die in der menschlichen Liebe wurzelnden Weisungen Jesu stellen an uns einen weit höheren Anspruch als eine Moral, die nur auf den Buchstaben sieht und sich mit einer rein äußerlichen Beachtung des Gesetzes zufriedengibt. Paulus sagt im 2. Korintherbrief: »Er (Gott) hat uns fähig gemacht, Diener des Neuen Bundes zu sein, nicht des Buchstabens, sondern des Geistes. Denn der Buchstabe tötet, der Geist aber macht lebendig« (2 Kor 3,6; vgl. auch Röm 7,6).

Der Geist, der lebendig macht, erweist sich vor allem in der Handlungsweise Jesu. Die Worte der Bergpredigt werden durch Jesu Handeln sozusagen kommentiert und als glaubwürdig ausgewiesen. Gewiss gibt es in der Bergpredigt auch fordernde Worte. Doch wir sollten sie immer auf dem Hintergrund der Handlungsweise Jesu sehen. Im Hören auf seine Worte müssen wir auf ihn selbst schauen. Hinsehen, wie er sich gerade denjenigen Menschen in Güte zugewandt hat, die von den Gesetzeslehrern verachtet und abgeschrieben wurden. Die Zöllner, die Dirnen, die Ehebrecherin. Darum geriet Jesus auch immer wieder mit den Gesetzeswächtern in Konflikt. Im Lukasevangelium lesen wir: »Alle Zöllner und Sünder kamen zu ihm, um ihn zu hören. Die Pharisäer empörten sich und sagten: Er gibt sich mit Sündern ab und isst sogar mit ihnen« (Lk 15,1f.). Auf diesen Vorwurf antwortet Jesus mit den drei Gleichnissen vom verlorenen Schaf, von der verlorenen Drachme und vom verlorenen Sohn. Das 15. Kapitel im Lukasevangelium, in dem diese Gleichnisse stehen, hat man das Evangelium im Evangelium genannt. Ein anderes Mal stellten die Pharisäer ihn zur Rede, als er am Sabbat einen Menschen heilte. Darauf fragte er sie: »Was ist am Sabbat erlaubt: Gutes zu tun oder Böses, ein Leben zu retten oder es zu vernichten?« (Mk 3,4). Und als sie Ärgernis nahmen, dass seine Jünger am Sabbat Ähren pflückten, sagt er ihnen: »Der Sabbat ist für den Menschen da, nicht der Mensch für den Sabbat« (Mk 2,27). Für Jesus steht der Mensch in der Mitte. Einer ängstlichen Gehorsamsmoral wird eine personale, schöpferische Verantwortungsmoral gegenübergestellt. Sie nimmt Maß an der Güte Gottes und an der konkreten Not des Menschen.
In sechs Antithesen zeigt Jesus modellhaft an einigen Le-

benssituationen, wie ein Handeln aus der Triebkraft der Liebe auszusehen hätte: wenn wir bedingungslos zur Versöhnung bereit sind (Mt 5,21–26); wenn einer dem Ehepartner in einer Liebe zugetan ist, die jede zur Untreue führende Situation vermeidet (Mt 5,27–30); wenn Jesus der üblichen Laxheit der Männer in der Scheidungsfrage entgegensteuert (Mt 5,31–32); wenn wir eine Wahrhaftigkeit leben, die keines Schwures bedarf (Mt 5,33–37); wenn wir dem Gesetz der Vergeltung den Verzicht auf Vergeltung entgegenstellen (Mt 5,38–42); wenn wir über eine auf Gegenliebe hoffende Liebe hinaus das Wohlwollen auch denen gegenüber aufrecht behalten, die nicht gut an uns gehandelt haben (Mt 5,43–48). Gerade darin können wir uns an Gottes Handlungsweise orientieren, der alle Menschen unterschiedslos liebt.

In diesem und im folgenden Kapitel sollen die erste, die fünfte und die sechste Antithese thematisiert werden.

In der ersten Antithese heißt es: »Ihr habt gehört, dass zu den Alten gesagt worden ist: Du sollst nicht töten; wer aber jemanden tötet, soll dem Gericht verfallen sein. Ich aber sage euch: Jeder, der seinem Bruder auch nur zürnt, soll dem Gericht verfallen sein« (Mt 5,21f.). In dieser ersten Antithese geht Jesus vom fünften Gebot der Sinaigesetzgebung aus. Diese war dem Volk Israel im Bund mit Gott als Rechts- und Sozialordnung gegeben worden, um ein geordnetes Zusammenleben zu gewährleisten. Der Dekalog sollte für Recht und Ordnung in Israel sorgen. So verbietet das fünfte Gebot den Mord und liefert den Mörder dem Gericht aus (Ex 20,13; Dtn 5,17). Verboten und bestraft wird der ausgeführte Mord. Würden wir es bei der Forderung des fünften Gebotes bewenden lassen, wären die allermeisten Menschen ohne Schuld. Jesus setzt tiefer an. Dort nämlich, wo der Mord sich anbahnt. Im Herzen des Menschen. Zorn und Mord nehmen bei Jesus den gleichen moralischen Stellenwert ein. Dass wir dem Bruder, dem Mitmenschen, nicht einmal mehr zürnen dürfen, bedeutet eine ungeheure Radikalisierung des fünften Gebotes. Ein neues Denken ist angesagt, ein Gesinnungswandel. Jesus ermutigt uns, seinen Weg einzuschlagen, der die Liebe zum alleinigen Maßstab für unser Leben miteinander macht. Und darum geht Jesus so weit, dass wir, wenn wir uns im Umgang mit unseren Mitmenschen von der Liebe leiten lassen, es nicht zulassen, dass sich in unserem Herzen Zorn ausbreitet.

Doch wer von uns kann sich von Gedanken des Zornes freisprechen? Vielleicht haben wir unserem Zorn gelegentlich auch in Schimpfworten Luft gemacht. Auch dies wird verurteilt und soll nicht ungestraft bleiben. »Wer zu seinem Bruder sagt: Du Dummkopf, soll dem Spruch des Hohen Rates verfallen sein; wer aber zu ihm sagt: Du (gottloser) Narr, soll dem Feuer der Hölle verfallen sein« (Mt 5,22). Es gibt Exegeten, nach denen der Text ursprünglich nur aus den beiden ersten anderthalb Versen bestanden hat (Mt 5,21 und 22a): »Ihr habt gehört, dass zu den Alten gesagt worden ist: Du sollst nicht töten; wer aber jemand tötet, soll dem Gericht verfallen sein. Ich aber sage euch: Jeder, der seinem Bruder auch nur zürnt, soll dem Gericht verfallen sein.« Die darauf folgenden Verse, in denen es um die Äußerung des Zornes in beleidigenden Worten geht, hätten ihrer Meinung nach ursprünglich nicht in dieser Antithese gestanden, sondern an einer anderen Stelle des Matthäusevangeliums. In jedem Falle bleibt die Frage, wie wir mit der moralischen Gleichsetzung von Zorn und Mord zurechtkommen.

Ist Jesus wirklich so weit weg von der Wirklichkeit? Hat er die Denkweise und das Verhalten der Menschen nicht realistischer eingeschätzt, als es uns zunächst scheint? Jesus redet von dem, was hinter unserer Stirn vor sich geht, was sich in den Hinterhöfen unserer Seele an unguten Gedanken angesammelt hat, was es in unserem Herzen an destruktivem Denken gibt. Nehmen wir einmal unsere Sprache beim Wort. Da können Worte fallen, die mörderisch klingen: jemanden kalt stellen, einen über die Klinge springen lassen, einen fertig machen, einen mundtot machen, einen totschweigen. Oder jemand sagt über einen bestimmten Menschen: den kann ich auf den Tod nicht leiden, der ist für mich gestorben. Es gibt Menschen, die zwar keinen Menschen in physischer Weise umgebracht haben, aber in ihrer Verhaltensweise über Leichen gehen. Wir kennen das Wort vom Rufmord, wenn einer durch üble Nachrede erledigt wird.

Die Forderungen der Bergpredigt sind keine Gebote und Verbote im juridischen Sinn. Es wird, denke ich, weniger der Gedanke des Zornes verboten, als dass ein Weg geöffnet werden soll, trotz aufkommenden Zornes und innerer Aggressionen sich mit dem anderen zu versöhnen, ihm zu vergeben. »Nicht siebenmal, sondern siebenundsiebzigmal«, sagt Jesus auf die Frage des Petrus, wie oft man denn vergeben solle. Petrus hatte gemeint, dass es doch wohl genüge, dem andern siebenmal zu vergeben (Mt 18,21f.). Jesus antwortet: siebenundsiebzigmal, d.h. immer wieder. Die Gewaltlosigkeit, die Jesus vertreten und gelebt hat, bedeutet sicher keine billige Nachgiebigkeit, sie ist eher der Mut, gerade in Konflikten und in notwendigen Auseinandersetzungen versöhnungsbereit zu bleiben und Frieden miteinander zu suchen.

Matthäus hat der ersten Antithese noch einen Aufruf zur Versöhnung angefügt, der den Gottesdienst betrifft. »Wenn du deine Opfergabe zum Altar bringst und dir dabei einfällt, dass dein Bruder etwas gegen dich hat, so lass deine Gabe dort vor dem Altar liegen; geh und versöhne dich zuerst mit deinem Bruder, dann komm und opfere deine Gabe« (Mt 5,23f.). Es soll damit gesagt werden, dass Gottesdienst feiern und zugleich mit anderen unversöhnt leben sich schlechterdings ausschließen. Gott lässt sich nicht finden am Mitmenschen vorbei. Das Jesuswort erscheint einleuchtend. Die Zuwendung zum Mitmenschen ist wichtiger, allerdings auch schwerer als alle möglichen Opfer, die wir uns auferlegen. Es kann auch nicht genügen, sich im Herzen mit dem anderen zu versöhnen. Wenn wir auch den Gottesdienst nicht unterbrechen können, so sollten wir doch, sobald es sich ergibt, auf den anderen zugehen und die Aussöhnung nicht zu lange aufschieben.

Lothar Zenetti erinnert bei dem Wort Jesu an die Unversöhntheit der Kirchen in Eucharistie und Abendmahl:

»Ich lese:
Wenn du weißt, dass dein Bruder etwas gegen dich hat,
dann lass deine Gabe vor dem Altar, geh und versöhne dich zuerst
dann komm und feiere deinen Gottesdienst.
Ich frage:
Warum hat man dann, wenn das so gesagt ist,
getrennt und unversöhnt das Opfer der Opfer gefeiert
jahrhundertelang, und tut es getrennt und unversöhnt
noch heute an jedem Tag neu?«

(in: Bergpredigt, Biblische Texte verfremdet 8, Calwer-Kösel 1988, S. 84)

Noch ein weiteres Wort in der ersten Antithese nimmt das Thema der Versöhnung auf: »Schließ ohne Zögern Frieden mit deinem Gegner, solange du mit ihm noch auf dem Weg zum Gericht bist. Sonst wird dich dein Gegner vor den Richter bringen und der Richter wird dich dem Gerichtsdiener übergeben und du wirst ins Gefängnis geworfen. Amen, sage ich dir: Du kommst von dort nicht heraus, bis du den letzten Pfennig bezahlt hast« (Mt 5,25f.). Offensichtlich herrschte schon in den Gemeinden im Umfeld des Matthäus die Unsitte, mit allen möglichen Streitfällen vor Gericht zu gehen. Das Jesuswort fordert sehr eindringlich dazu auf, sich außergerichtlich zu einigen. Wichtig ist das Wort »solange«. Solange sich zwei Menschen auf dem Weg zum Richter befinden, sollen sie sich versöhnen.

In dem mit dem »Amen« eingeleiteten letzten Satz: »Amen, sage ich dir: Du kommst von dort nicht heraus, bis du den letzten Pfennig bezahlt hast« wird Bezug genommen auf das Gericht Gottes, das den unversöhnlichen Menschen treffen könnte (vgl. Mt 10,15.42). Der Text ist höchst aktuell, wenn man sieht, wie viele, gefördert durch zahlreiche Rechtsschutzversicherungen, ihr Recht mit allen Mitteln durchzusetzen versuchen. Viele Ordensregeln verbieten, Prozesse zu führen. Bei allem Bedenken, ob und wie die Bergpredigt zu verwirklichen ist, werden wir die Erfahrung machen können, dass durch die Weisungen Jesu unser Leben besser gelingen kann. Wie viel menschlicher könnten wir miteinander umgehen, würden wir uns an ihnen orientieren. Lassen wir den Worten und Weisungen Jesu ihre Chance!

Leistet keinen Widerstand – Liebet eure Feinde

In der fünften und sechsten Antithese geht es um den Verzicht auf Vergeltung und um die Liebe zu den Feinden. In der fünften Antithese heißt es: »Ihr habt gehört, dass gesagt worden ist: Auge für Auge und Zahn für Zahn. Ich aber sage euch: Leistet dem, der euch etwas Böses antut, keinen Widerstand, sondern wenn dich einer auf die rechte Wange schlägt, dann halt ihm auch die andere hin. Und wenn dich einer vor Gericht bringen will, um dir das Hemd wegzunehmen, dann lass ihm auch den Mantel. Und wenn dich einer zwingen will, eine Meile mit ihm zu gehen, dann geh zwei mit ihm. Wer dich bittet, dem gib, und wer von dir borgen will, den weise nicht ab« (Mt 5,38–42).

Die Stelle aus der Thora, auf die Jesus in der vorletzten Antithese Bezug nimmt, ist das Vergeltungsgesetz »Auge um Auge, Zahn um Zahn« (Ex 21,23–27; Lev 24,17–21; Dtn 19,19–21). Es handelt sich um das so genannte Talionsprinzip (nach dem lateinischen ius talionis). Wir haben es hier mit einem grundlegenden alttestamentlichen, auch in der Umwelt des Judentums geltenden Rechts- und Verhaltensgrundsatz zu tun. Dieser diente der Eindämmung von Rache und Gewalthandlungen. Man sollte sich bei einer zugefügten Verletzung nicht durch noch gewalttätigere Maßnahmen am Gegner rächen, sondern sich darauf beschränken, Gleiches mit Gleichem zu vergelten.

Jesus will mit dem »Ich aber sage euch …« die Gewaltspirale unterbrechen, will der Gewalt und Gewalthandlungen Einhalt gebieten. Das wird uns an einigen Fallbeispielen vor Augen geführt. Da ist die Rede vom Schlag auf die rechte Wange, der Schlag mit dem Handrücken. Er gilt auch heute noch im Orient als besonders entehrende Beleidigung. Der Evangelist hat das Jesuswort aktualisiert und auf die inzwischen eingetretene Christenverfolgung hin gedeutet. Gemeint war der Ketzerschlag, der denjenigen trifft, der sich zu Jesus bekennt. Es soll seinen Jüngern und Jüngerinnen gesagt werden: Wenn ihr in eine solche Situation kommt, dann leistet keinen Widerstand, schlagt nicht zurück.

Ein weiteres Beispiel für ein gewaltfreies Verhalten betrifft das alttestamentliche Pfändungsrecht (Ex 22,25f.; Dtn 24,12f.). Ein Armer, der seine Schulden nicht bezahlen kann, muss sein Unterkleid als Pfand geben. Der Mantel war nicht pfändbar. Doch der Arme gibt ihn dennoch her, weil seine Schulden so groß sind. Am Abend muss er ihm jedoch wieder zurückgegeben werden, damit er ihm als Decke zum Schlafen, als Schutz vor nächtlicher Kälte dienen kann. Mit diesem etwas paradox erscheinenden Beispiel soll wohl gesagt werden, dass selbst ein Armer, der dem Pfändungsgesetz ausgesetzt ist, sich nachgiebig zeigen soll. Auf das Wort von der zweiten Meile bin ich schon in einem anderen Zusammenhang eingegangen.

Eng verbunden mit der fünften Antithese, in der an Gewaltfreiheit appelliert wird, ist die sechste, die letzte Antithese, in der gesagt wird, man solle auch seine Feinde lieben. Dort lesen wir: »Ihr habt gehört, dass gesagt worden ist: Du sollst deinen Nächsten lieben und deinen Feind hassen. Ich aber sage euch: Liebt eure Feinde und betet für die, die euch verfolgen, damit ihr Söhne eures Vaters im Himmel werdet; denn er lässt seine Sonne aufgehen über Bösen und Guten, und er lässt regnen über Gerechte und Ungerechte. Wenn ihr nämlich nur die liebt, die euch lieben, welchen Lohn könnt ihr dafür erwarten? Tun das nicht auch die Zöllner? Und wenn ihr nur eure Brüder grüßt, was tut ihr damit Besonderes? Tun das nicht auch die Heiden? Ihr sollt also vollkommen sein, wie es auch euer himmlischer Vater ist« (Mt 5,43–48). Im Alten Testament steht nirgendwo, man solle seinen Feind hassen. Da sich Jesus wohl nicht geirrt haben kann, muss man darin einen Zusatz des Evangelisten sehen, der »den Feind lieben« in der Bergpredigt noch schärfer in Kontrast setzen wollte zu »den Feind hassen«.

Wie können wir unsere Feinde lieben? Wir tun uns ja schon schwer damit, Menschen zu lieben, die es nicht gut mit uns meinen. Und wie können wir sogar diejenigen lieben, die uns wirklich feindlich gesonnen sind? Wenn jemand einen ausgemachten Feind hat, ist er dann fähig, ihn zu lieben, ihn von Herzen zu lieben? Wer von uns ist in der Lage, diesen Spitzenwert der Bergpredigt in die Tat umzusetzen? Pinchas Lapide, ein jüdischer Bibelgelehrter, meint, dass Jesus eine gefühlsmäßige Liebe zum Feind nicht gemeint haben kann. In seiner Muttersprache, im Aramäischen, gibt es zwei unterschiedliche Arten von Liebe, was sich in anderen Sprachen nicht wiedergeben lässt. Einmal ist diese Liebe im Dativ, im dritten Fall, ausgedrückt. Da liebe ich jemanden aus tiefer Zuneigung. Ich liebe ihn einfach. Im Akkusativ, im vierten Fall, zu lieben, meint in der aramäischen Sprache, in der Sprache Jesu, nicht eine Liebe, die ich im Herzen spüre. Gemeint ist, dass ich dem Feind Wohlwollen entgegenbringe, dass ich ihm nichts Böses wünsche, ihn nicht abschreibe, dass ich die Türen offen halte, die Brücken zu ihm nicht abbreche. Dass ich mich nicht selber in die Rolle des Feindes hineindrängen lasse. Vielleicht wird es mir sogar möglich sein, etwas für den zu tun, der mir nicht gut gesonnen ist. Eine Gemeindehelferin erzählte mir einmal von ihrem Pfarrer, der unausstehlich sei und der immer wieder aggressive Gefühle in ihr wecke. Ich fragte sie, ob sie ihn hasse. Nein, das nicht. Ob sie ihm Böses wünsche. Nein, auch das nicht. Dann ist der Weg nicht so weit, ihm Wohlwollen entgegenzubringen.

Unter jüdischen Gesetzeslehrern soll es heftige Debatten darüber gegeben haben, wie zwei unterschiedliche Bibelstellen in Einklang miteinander zu bringen seien. Der eine Text lautet: »Du sollst nicht untätig zusehen, wie ein Esel oder ein Ochse deines Bruders auf dem Weg zusammenbricht. Du sollst dann nicht so tun, als gingen sie dich nichts an, sondern ihm helfen, sie wieder aufzurichten« (Dtn 22,4). Und in einem anderen Buch des Mose heißt es: »Wenn du siehst, wie der Esel deines Gegners unter der Last zusammenbricht, dann lass ihn nicht im Stich, sondern leiste ihm Hilfe!« (Ex 23,5). Falls nun ausgerechnet zur selben Zeit der Freund mit seinem Esel und der Feind mit seinem Esel zu Fall kommen, wem soll man, das war der springende Punkt, zuerst aufhelfen? Die Antwort könnte sein: Hilf zuerst dem Esel deines Widersachers, dann tust du drei Taten auf einen Schlag: Du rettest damit das Tier, du wandelst das Herz deines Gegners und gewinnst sein Wohlwollen. Das ist, so meint Pinchas Lapide, in die Richtung dessen gedacht, was Jesus mit der Feindesliebe im Sinn hatte.

Bei Jesus gerät das gewaltlose, friedfertige Handeln in das Blickfeld Gottes, »der seine Sonne aufgehen lässt über Bösen und Guten und regnen lässt über Gerechte und Ungerechte« (Mt 5,45). Damit wollte Jesus gleichnishaft ausdrücken: Gott liebt alle Menschen – unterschiedslos. Er betreibt keine Günstlingswirtschaft, kennt keine Lieblinge. Wenn ich mir nach und nach die Praxis Gottes zu eigen machte, würden sich auch die Beziehungen zu denjenigen klären, mit denen ich mich schwer tue. Denn so wie ich ist auch der andere vorbehaltlos von Gott angenommen. Die Maxime für mein Verhalten dem anderen gegenüber könnte heißen: Wie Gott mir, so ich dir, meinem Mitmenschen.

Das Wort Jesu, vollkommen zu sein wie unser himmlischer Vater, schließt sich an seine Aufforderung an, auch denen friedfertig zu begegnen, die uns feindlich gesonnen sind. Vollkommen sein wie Gott, das bedeutet: Gott zum Maßstab nehmen, der allen Menschen seine Liebe schenkt. Vollkommen zu sein wie Gott könnte dann auch heißen: Wie Gott aufs Ganze gehen, bis zum Äußersten, indem ich auch denen ohne Vorbehalte begegne, die nicht gut an mir gehandelt haben.

Wie Gott uns und allen Menschen gesonnen ist, kann uns aufgehen, wenn wir auf Jesus schauen. Er hat die völlige Gewaltlosigkeit gelebt, hat sich den Menschen ausgeliefert. Den Gottesknecht, von dem Jesaja spricht, dürfen wir auf Jesus hin deuten: »Viele haben sich über ihn entsetzt, so entstellt sah er aus, nicht mehr wie ein Mensch, seine Gestalt war nicht mehr die eines Menschen« (Jes 52,14). »Er wurde verachtet und von den Menschen gemieden ... Wie einer, vor dem man das Gesicht verhüllt, war er verachtet; wir schätzten ihn nicht ... Aber er hat unsere Krankheit getragen und unsere Schmerzen auf sich geladen. Wir meinten, er sei von Gott geschlagen, von ihm getroffen und gebeugt ... Er wurde misshandelt und niedergedrückt, aber er tat seinen Mund nicht auf« (Jes 53,3–4.7).

Leistet dem, der euch etwas Böses antut, keinen Widerstand – diesem Wort sind Menschen gefolgt. So ein Martin

Luther King. Er hat für die Menschenrechte der schwarzen Bevölkerung in den USA gekämpft, ohne selber Gewalt anzuwenden. Und er hat das scheinbar Menschenunmögliche möglich gemacht: die Feinde seiner schwarzen Brüder und Schwestern trotz all ihrer Schandtaten zu lieben – »so schwer es auch ist«, wie er schreibt. »Ich habe zu viel Hass gesehen, als dass ich selber hassen möchte. ... Hass ist eine zu große Last, als dass man sie tragen könnte. Irgendwie müssen wir imstande sein, vor unsere erbittertsten Gegner hinzutreten und zu sagen: Wir werden eure Fähigkeiten, uns Leid zuzufügen, durch unsere Fähigkeit, Leid zu ertragen, wettmachen. Wir können nicht mit gutem Gewissen euren ungerechten Systemen treu bleiben, denn Nichtzusammenarbeit mit dem Bösen ist genauso eine moralische Pflicht wie die Zusammenarbeit mit dem Guten. Also werft uns ins Gefängnis, und wir werden euch trotzdem lieben. Bombardiert unsere Häuser und bedroht unsere Kinder, und wir werden euch, so schwer es auch ist, trotzdem lieben. Schickt eure vermummten Gewaltverbrecher zu nächtlicher Stunde in unsere Gemeinden, schleppt uns hinaus in eine abgelegene Straße und lasst uns halb totgeschlagen liegen, und wir wollen euch trotzdem lieben.«

Almosen – Beten – Fasten

Vor den Antithesen steht, wie wir sahen, programmatisch das Wort Jesu: »Wenn eure Gerechtigkeit nicht weit größer ist als die der Schriftgelehrten und der Pharisäer, werdet ihr nicht in das Himmelreich kommen« (Mt 5,20). In welcher Weise diese bessere Gerechtigkeit die alttestamentlichen Gesetzesvorschriften überschreiten soll, hat Jesus an sechs Beispielen erläutert. Zwei davon haben wir uns vor Augen geführt. In dem Passus der Bergpredigt, dem wir uns jetzt zuwenden, wird uns gesagt, wie diese bessere Gerechtigkeit im Almosengeben, im Beten und im Fasten auszusehen hätte. Es geht hier sozusagen um die Innenseite der besseren Gerechtigkeit. Diejenigen, die in die Nachfolge Jesu eingetreten sind, werden gefragt, in welcher Gesinnung sie anderen etwas Gutes tun, was die inneren Beweggründe sind für ihr Beten und ihr Fasten. Geschieht dies um Gottes und der Menschen willen? Oder trachtet man mehr danach, bewundert und gelobt zu werden? In einem einleitenden Wort warnt Jesus davor, mit unserem Tun Aufsehen erwecken zu wollen, auf das Lob der Menschen aus zu sein. »Hütet euch«, sagt Jesus, »eure Gerechtigkeit vor den Menschen zur Schau zu stellen; sonst habt ihr keinen Lohn von eurem Vater im Himmel zu erwarten« (Mt 6,1). Wenn in der Bergpredigt vor einer falschen Frömmigkeitspraxis gewarnt wird, dann deutet das darauf hin, dass schon die Jünger Jesu und die Christen in den ersten Gemeinden dazu Anlass gegeben haben.

Wir wollen uns zunächst vor Augen führen, ehe wir auf das Almosengeben, das Beten und das Fasten im Einzelnen eingehen, welche textliche Gestalt dieser Abschnitt der

Bergpredigt hat. Es fällt auf, dass die drei Beispiele des Almosengebens, des Betens und des Fastens parallel angeordnet sind und dass sich in der Wortwahl einiges wiederholt. Das geschah wohl in der Absicht, dass das, was über die rechte Gesinnung bzw. die unlautere Gesinnung gesagt wird, sich tief ins Gedächtnis einprägen soll. Es beginnt mit drei mahnenden Worten. »Wenn du Almosen gibst, lass es nicht vor dir herposaunen, wie es die Heuchler in den Synagogen und auf den Gassen tun, um von den Leuten gelobt zu werden.« – »Wenn ihr betet, macht es nicht wie die Heuchler. Sie stellen sich beim Gebet gern in die Synagogen und an die Straßenecken, damit sie von den Leuten gesehen werden.« – »Wenn ihr fastet, macht kein finsteres Gesicht wie die Heuchler. Sie geben sich ein trübseliges Aussehen, damit die Leute merken, dass sie fasten.« Auf jede der drei Warnungen vor einer falschen Frömmigkeitshaltung folgt fast refrainartig das Wort: »Amen, das sage ich euch: Sie haben ihren Lohn bereits erhalten.« Als wenn uns nicht oft genug gesagt werden kann, dass mit dem Lob durch die Menschen bereits alles abgegolten ist und von Gott kein Lohn mehr zu erwarten ist.

»Macht es nicht wie die Heuchler!« Auch das hören wir wiederum dreimal mit einem dringlichen Appell. Das Wort »Heuchler«, wie es hier gebraucht wird, stammt aus der griechischen Sprache und bedeutet »Schauspieler«. Dessen Aufgabe ist es, seine Rolle möglichst gut zu spielen, damit er seinem Publikum gefallen kann und er Applaus erntet. Nach unserem Sprachgebrauch denken wir, wenn wir »Heuchler« sagen, an Menschen, die etwas vorheucheln, Menschen, die in Wirklichkeit nicht tun, was sie nach außen vorgeben. Dies ist aber hier nicht gemeint. Denn die Heuchler, vor denen gewarnt wird, tun ja etwas. Sie geben

Almosen, sie beten, sie fasten. Nur ihre Art, wie sie es tun, wird als abschreckendes Beispiel hingestellt. Sie schauspielern, sie posaunen es vor sich her, wenn sie Almosen geben. Wenn sie beten, wollen sie beachtet werden. Beim Fasten geben sie sich ein trübseliges Aussehen, damit die Leute sehen, dass sie fasten. Mit ihrem frommen Gebaren wollen sie den Menschen imponieren. Macht es nicht wie die Heuchler, sagt Jesus. Macht es nicht wie Menschen, die mit ihrem Tun auf Beifall bedacht sind. Die bessere Gerechtigkeit braucht keine Zuschauer, braucht keine Claqueure. Das lässt uns an die Worte von Angelus Silesius denken.

Die Ros' kennt kein Warum.
Sie blühet, weil sie blüht.
Sie acht nicht ihrer selbst,
fragt nicht, ob man sie sieht.

Die drei Wegweisungen, mit denen Jesus uns sagt, in welcher Gesinnung wir Almosen geben, beten und fasten sollen, schließen mit einem ähnlich lautenden Satz. Es ist der dreimalige Hinweis auf den Vater, der auch das Verborgene sieht und es uns vergelten wird. Auch hier soll uns durch die Wiederholung etwas Wichtiges gesagt und eingeprägt werden. »Wenn du Almosen gibst, soll deine linke Hand nicht wissen, was deine rechte tut. Dein Almosen soll verborgen bleiben, und dein Vater, der auch das Verborgene sieht, wird es dir vergelten.« – »Du aber, geh in deine Kammer, wenn du betest, und schließ die Tür zu und dann bete zu deinem Vater, der im Verborgenen ist. Dein Vater, der auch das Verborgene sieht, wird es dir vergelten.« – »Du aber salbe dein Haar, wenn du fastest, und wasche dein Gesicht, damit die Leute nicht merken, dass du fastest, sondern nur dein Vater, der das Verborgene sieht; und dein Vater, der auch das Verborgene sieht, wird es dir vergelten.«

Das Wort vom Vater, der das Verborgene sieht und es uns vergelten wird, kann nicht bedeuten, dass dieses jetzt in der rechten Gesinnung vollzogene Tun auf eine Belohnung durch Gott aus ist. Wenn wir beim Almosengeben, beim Beten und Fasten den Lohn suchen würden, dann wäre dies eine verkappte Lohnmoral. Sie war in der Frömmigkeitspraxis des Spätjudentums ziemlich verbreitet. Gegen sie ist Jesus in der Auseinandersetzung mit den Pharisäern und Schriftgelehrten heftig angegangen. Diejenigen, die wir Heilige nennen, haben nie auf ihre Verdienste und guten Taten gepocht und sich einen Lohn ausgerechnet. Gott lässt nicht mit sich handeln. »Do ut des«, ich gebe dem anderen etwas, damit er mir dafür etwas zurückgibt – ein solches Denken darf in unserer Beziehung zu Gott keinen Platz haben. Denn damit würde das Gute, das wir tun, würde unser Beten und Fasten seinen Wert verlieren. In einem anderen Zusammenhang haben wir schon bedacht, dass wir Gott nicht erst durch unsere guten Werke dazu bewegen müssen, dass er uns gütig gesonnen ist. Er ist es, bevor wir etwas tun.

In welcher Weise Gott uns belohnt, dazu hat der Ordensgründer der Redemptoristen, der hl. Alfons Maria von Liguori, etwas Hilfreiches gesagt. »Es gilt scharf zu unterscheiden zwischen irdischen Entlohnungen, die Menschen einander versprechen, und dem von Gott den Liebenden verheißenen ›Lohn‹ im Himmel (Alfons setzt in diesem Text ›Lohn‹ in Anführungszeichen). Die menschlichen Entlohnungen sind verschieden von der Person, denn bei der Entlohnung geben die Menschen nicht sich selber, sondern nur etwas von ihren Gütern. Dagegen besteht der we-

sentliche ›Lohn‹, den Gott den Seligen gibt, gerade darin, dass er sich selbst schenkt« (in: Jesus lieben lernen, in der Übersetzung von Bernhard Häring, S. 129). Wenn Gott selber unser Lohn ist, dann ist dies reines Geschenk. Kein Mensch kann es sich verdienen oder es einfordern.
Kommen wir nun im Einzelnen auf das Almosengeben, das Beten und Fasten zu sprechen. Welchen Stellenwert haben sie in unserem christlichen, in unserem geistlichen Leben?

Almosengeben

Mit dem Almosengeben beginnen die drei Weisungen der Bergpredigt, die zur rechten Praxis im religiösen Leben anleiten. Das Wort »Almosengeben« ist in unserer heutigen Sprache kaum noch gebräuchlich. Man muss diese Bezeichnung aus einer Zeit verstehen, als es noch kein staatlich organisiertes Sozialsystem gab, keine Krankenkassen, keine Altersvorsorge. Arme Menschen waren darauf angewiesen, dass andere ihnen aus ihrer Not aufhalfen. In der heutigen Zeit hat sich das kaum geändert. Auch in unserem Land treffen wir trotz aller sozialen Absicherungen auf zahlreiche in Not geratene Menschen, die der persönlichen Hilfe, der Hilfeleistung von Mensch zu Mensch bedürfen. Gott sei Dank gibt es auch heute viele Menschen, die vor der Not ihrer Mitmenschen nicht die Augen verschließen, die sich der an den Rand der Gesellschaft gedrängten Mitmenschen annehmen. Meist sind es Menschen, die sich aus dem Geist christlicher Nächstenliebe dazu gedrängt fühlen. Einiges könnte man hier an Beispielen anführen.
Was du Gutes tust, so hören wir, soll im Verborgenen bleiben. Man kann natürlich nicht vermeiden, dass andere et-

was davon sehen. Wenn man bedenkt, dass in den Medien über viel Schlimmes berichtet wird, wäre es sogar wünschenswert, dass man noch mehr als bisher hört und sieht, wie viele Menschen in den verschiedensten Bereichen menschliche Hilfe leisten. Jesus betont das Verborgenbleiben unseres Tuns deswegen so pointiert, damit wir nicht der Gefahr unterliegen, uns selber dabei zuzuschauen und es anderen zu präsentieren. Dies ist auch gemeint mit dem Wort: »Wenn du Almosen gibst, soll deine linke Hand nicht wissen, was deine rechte tut.« Was wir anderen Gutes tun, sollten wir möglichst bald vergessen. Wir sollten es abgeben, es zurückgeben an den, dem wir all das zu verdanken haben, was wir für andere tun können.

Beten

Im Judentum gelten als die eigentlichen Stätten des Gebetes der Tempel und die Synagoge. Im Allerheiligsten des Tempels und im Thoraschrein der Synagoge ist nach jüdischem Glauben die Schechina, die Herrlichkeit Gottes, gegenwärtig. Dem hier verrichteten Gebet wird daher eine besondere Kraft zugeschrieben. Wenn Jesus nun sagt: »Wenn du betest, geh in deine Kammer und schließ die Tür zu«, so hat er damit das Beten in der Öffentlichkeit nicht abgelehnt. Dies zeigt seine eigene Gebetspraxis. Er selber ist in den Tempel gegangen und hat am Synagogengottesdienst teilgenommen. Im Abendmahl hat er den Grund gelegt für die Gemeinschaft der an ihn Glaubenden. Darum behalten unsere gemeinsamen Gottesdienste ihren hohen Wert. In ihnen kommen wir zusammen, um gemeinsam Gott anzubeten, zu ihm zu beten und uns von ihm im sa-

kramentalen Geschehen Heil und Leben schenken zu lassen.
Das Wort vom Beten in der Kammer, die man verschließen soll, wird man nur dann richtig verstehen, wenn man den Zusammenhang sieht, in dem es ausgesprochen wurde. Jesus sagt es denen, die mit ihrer nach außen gekehrten Frömmigkeit auffallen wollen. Sie sollen in ihre Kammer gehen und die Tür abschließen. In einem israelischen Haus, so habe ich gelesen, gab es nur eine Kammer, die man abschließen konnte. Wenn man in diesen Raum ging und ihn verriegelte, war die Gewähr gegeben, dass niemand hereinkommen konnte. Man sollte sich also kein Türchen offen halten, um dann doch noch gesehen zu werden. »Gehe in deine Kammer und verschließe die Tür«, das kann man auch so verstehen: Dort, wohin kein menschliches Auge blickt, wird sich am ehesten erweisen, dass es uns nur um Gott geht.
Wir brauchen neben unseren gemeinsamen Gottesdiensten, unserem gemeinsamen Beten einen Raum der Stille für das persönliche Gespräch mit Gott. Das innere Beten hat seine eigene Sprache, die nicht an bestimmte Formen gebunden ist. Es ist die Sprache der Zuneigung, der Liebe. Deren Worte und Gebärden entspringen dem Innersten des Menschen. Da das Beten die intimste Form der Begegnung mit Gott ist, gehört der Raum, in dem es seine Sprache findet, allein dem Betenden. Die Tür zur Kammer seines Herzens bleibt dann anderen verschlossen.
Manche haben sich in ihrem Zimmer einen Ort des Betens und Meditierens eingerichtet, sozusagen ihre Kammer, in die sie sich in einem bestimmten Rhythmus zurückziehen. Wenn wir uns in Zeiten der Stille der Gegenwart Gottes tiefer bewusst werden, wird sich das auch in unserem all-

täglichen Leben auswirken. Wir werden bewusster in der Gegenwart Gottes leben. Und es kann dann ab und zu, mitten im Alltag, ein Innehalten geben, ein Verweilen vor Gott.

Fasten

Die Anleitungen zum rechten Beten münden ein in das Vater unser, auf das wir noch zu sprechen kommen. Auf das Vater unser folgen dann die Worte über das Fasten. Jesus sagt, wir sollten beim Fasten kein finsteres Gesicht machen, uns kein trübseliges Aussehen geben, um bei den Leuten aufzufallen. Stattdessen sollten wir unser Haar salben und unser Gesicht waschen, damit man nicht merkt, dass wir fasten. Auch hier geht es wieder um die rechte Gesinnung. Nämlich unser Tun auf Gott auszurichten und nicht das Gefallen der Menschen zu suchen. Wir können nicht immer vermeiden, dass andere von dem Verzicht, den wir uns auferlegen, etwas merken. Doch sollten wir uns von ihrer Aufmerksamkeit unabhängig machen.
Jesus hat seine Worte an Menschen gerichtet, die nicht erst in die Praxis des Fastens eingewiesen werden mussten. Seinen Jüngern war die Übung des Fastens vertraut; denn sie standen in der alttestamentlichen Tradition, die dem Fasten eine hohe Bedeutung beigemessen hat. Hervorzuheben ist, dass in der alttestamentlichen Tradition das Fasten in seinen verschiedenen Formen ausschließlich religiös motiviert war. Bei allem war Gott der innere Bezugspunkt. Vor ihm stehen die Menschen und neigen sich vor ihm in Trauer und Klage, in Buße und Sühne, auch mit der Bitte um erneute Zuwendung nach begangener Schuld. Das Fasten diente nicht zuletzt auch der Vorbereitung auf die Be-

gegnung mit Jahwe. So haben sich Mose und Elija auf eine Gottesoffenbarung vorbereitet (Ex 34, 28; 1 Kön 19,8).
In der prophetischen Zeit hat vor allem Jesaja Kritik geübt an einem Fasten, das sich veräußerlicht hatte und einherging mit Geschäftemacherei und roher Gewalt. Stattdessen gelte es, Solidarität zu üben mit den der Hilfe bedürftigen Menschen. Gott lässt den Propheten sagen, welches Fasten er liebt: »die Fesseln des Unrechts zu lösen, die Stricke des Jochs zu entfernen, die Versklavten freizulassen, jedes Joch zu zerbrechen, man die Hungrigen dein Brot auszuteilen, die obdachlosen Armen ins Haus aufzunehmen, wenn du einen Nackten siehst, ihn zu bekleiden« (Jes 58; vgl. auch Joël 2,13 und Sir 34,31).
Die verpflichtenden Fasttage des Judentums wurden auch von Jesus und seinen Jüngern beachtet. Durch ein vierzigtägiges Fasten hat sich Jesus selber auf sein öffentliches Wirken vorbereitet (Mt 4,2; Lk 4,2). Dem privaten Fasten stand Jesus frei gegenüber. Auf den Vorwurf, dass die Jünger des Johannes und die Pharisäer fasten, seine Jünger aber nicht, antwortete er im Bild von den Hochzeitsgästen und dem Bräutigam (Mk 2,18–20). Solange der Bräutigam bei ihnen ist, sollen sie sich freuen. Wenn er ihnen genommen ist, werden sie fasten. Das erinnert an das Wort der hl. Teresa von Avila: »Wenn Fasten, dann Fasten, wenn Rebhuhn, dann Rebhuhn.« Auch den urchristlichen Gemeinden war das Fasten nicht fremd, beispielsweise als Vorbereitung auf die Wahl kirchlicher Vorsteher (Apg 13,2f.; 14,23). Dies war immer mit Gebet verbunden, wie wir das auch im Alten Testament antreffen. Paulus weist im 2. Korintherbrief auf sein Fasten hin (2 Kor 6,5; 11,27). Auch wir stehen in dieser biblischen Überlieferung, der alttestamentlichen und später der neutestamentlichen. An ihr

müssten wir uns orientieren, wenn wir danach fragen, wie wir heute in der rechten Weise fasten können.
Gibt es Orientierungspunkte für unser heutiges Verständnis von Fasten? Da nach biblischem Verständnis das Fasten nie losgelöst zu sehen ist von der Beziehung zu Gott, also ein religiöses Fasten ist, muss dies auch maßgebend sein für unsere Fastenpraxis. Wenn wir beispielsweise im Essen und Trinken auf das eine oder andere verzichten, kann sich das sicher auch positiv auf unsere Gesundheit auswirken. Doch dies wäre lediglich eine Nebenwirkung. Es kommt auf die innere Freiheit an, die wir durch das Fasten gewinnen. Bei allem, was wir uns an Verzicht auferlegen, wäre die Leitfrage: Was macht uns aufnahmefähiger für die Eingebungen des Gottesgeistes? Was bringt uns Gott näher?
Kommen wir nun noch auf den mitmenschlichen Aspekt des Fastens zu sprechen. Wir haben gesehen, dass sich einige Propheten, vor allem Jesaja, gegen eine Fastenpraxis gewandt haben, die die in Not geratenen Mitmenschen außer Acht lässt. In Anlehnung an Jesaja singen wir in der Strophe eines Liedes aus der Fastenzeit: »Tut Gutes allen, helft den Unterdrückten und stiftet Frieden, liebet euren Nächsten. Dies ist ein Fasten in den Augen Gottes.« Ein Fasten in den Augen Gottes ist sicher auch das, was als soziales Fasten praktiziert wird. Hilfsbedürftigen Menschen soll dadurch zugutekommen, was wir uns selber absparen in dieser oder jener Hinsicht. Dabei denke ich auch an die Zeit, die wir anderen schenken können. Meister Eckart sagt: »Hindert dich ein äußerliches Werk, sei es Wachen, Fasten, Lesen oder sonst irgendeines – lass es ebenso freimütig weg, und zwar ohne jede Besorgnis, hierdurch etwa eine Tat der Buße versäumt zu haben. Denn Gott sieht

nicht darauf, worin die Werke bestehen. Er sieht allein darauf, welche Liebe, welche Andacht und welche Gesinnung in der Wirksamkeit enthalten ist.«

Wenn wir als Christen Nächstenliebe üben, dann geschieht dies nicht nur unter humanem Aspekt, sondern es hat immer auch mit Gott zu tun. Jesaja bringt das sehr deutlich zur Sprache. Wir erinnern uns an die Beispiele, die Jesaja für solidarisches Handeln, für mitmenschliches Tun nennt. Und dann lässt Gott ihn davon sprechen, was daraus für diejenigen erwächst, die ein Fasten üben, wie er es liebt. »Dann wird dein Licht hervorbrechen wie die Morgenröte, und deine Wunden werden schnell vernarben. Deine Gerechtigkeit geht dir voran, die Herrlichkeit des Herrn folgt dir nach. Wenn du dann rufst, wird der Herr dir Antwort geben, und wenn du um Hilfe schreist, wird er sagen: Hier bin ich. Wenn du der Unterdrückung bei dir ein Ende machst, auf keinen mit dem Finger zeigst und niemand verleumdest, dem Hungrigen dein Brot reichst und den Darbenden satt machst, dann geht im Dunkel dein Licht auf, und deine Finsternis wird hell wie der Mittag« (Jes 58, 8–10).

Das Vater unser

In der Bergpredigt hat das »Vater unser« seinen Ort nach dem Abschnitt über das Beten im Verborgenen. Bevor Jesus seine Jünger das »Vater unser« beten lehrt, richtet er noch einige mahnende Worte an sie. »Wenn ihr betet, sollt ihr nicht plappern wie die Heiden, die meinen, sie werden nur erhört, wenn sie viele Worte machen. Macht es nicht wie sie; denn euer Vater weiß, was ihr braucht, noch ehe ihr ihn bittet. So sollt ihr beten: Unser Vater im Himmel, dein Name werde geheiligt, dein Reich komme, dein Wille geschehe wie im Himmel, so auf der Erde. Gib uns heute das Brot, das wir brauchen. Und erlass uns unsere Schulden, wie auch wir sie unseren Schuldnern erlassen haben. Und führe uns nicht in Versuchung, sondern rette uns vor dem Bösen« (Mt 6,7–13). Der Evangelist Matthäus lässt die Worte Jesu an diejenigen gerichtet sein, die in einer christlichen Gemeinde schon im Beten unterwiesen worden sind, aber es nicht in der rechten Weise tun. Er warnt sie davor, zu plappern wie die Heiden, das heißt wie diejenigen, die erst durch viele Worte Gott zum Gutsein zu bewegen suchen. Der Evangelist Lukas hingegen wendet sich an solche, die das Beten erst lernen müssen und denen Mut zum Beten gemacht werden soll (Lk 11,2–4).
Tertullian, ein Theologe des 3. Jahrhunderts, hat das »Vater unser« eine Kurzform des Evangeliums genannt. In ihm spricht sich der Glaube der Christen betend aus. Das »Vater unser« ist darum mehr als eine praktische Anleitung zum rechten Beten. Es ist betender Glaube, bei dem etwas geschieht zwischen uns, die beten und glauben, und Gott, zu dem wir beten und an den wir glauben. Ein aus dem

Frühchristentum stammendes Wort lautet: lex orandi – lex credendi. Wörtlich: Das Gesetz des Betens ist das Gesetz des Glaubens. Damit soll ausgedrückt werden, dass es einen inneren Bezug gibt zwischen beten und glauben. Man darf sagen: Der Glaube lebt so lange, als er betender Glaube ist. Wenn ich bete »Du bist unser Vater«, drücke ich damit eine Beziehung aus. Du liebst mich wie ein Vater, ich vertraue dir.

Im »Vater unser« können wir uns vertrauensvoll an Gott wenden, den wir durch Jesus als einen Vater kennengelernt haben, dessen Liebe keine Grenzen kennt. Leider gibt es Menschen, die niemals eine solche vom Vertrauen getragene Beziehung zu Gott gefunden haben. Das Bild, das sie sich von Gott gemacht haben, konnte auf sie nur abschreckend wirken. Vor vielen Jahren hat Tilmann Moser ein beklemmendes Buch geschrieben mit dem Titel »Gottesvergiftung«. Auf ihn hat Gott wie tötendes Gift gewirkt. Ein Gott, der Angst erzeugt. Ich glaube, dass eine der schlimmsten Formen von Lebensangst die Gottesangst ist. Manche Menschen – das habe ich in Gesprächen auch in der Beichte erfahren – sind von dieser Angst befallen. Sie glauben nicht wirklich an die Vergebung durch Gott, sonst würden sie nicht unter dem Zwang stehen, früher begangene und längst verziehene Sünden in späteren Beichten wiederholen zu müssen. Oder sie haben Angst, nicht alles genauestens gesagt zu haben. Für sie ist Gott ein Aufpasser-Gott, ein Buchhalter-Gott. Ein Gott, der ihnen im Nacken sitzt und sie ihres Glaubens nicht froh werden lässt. Wem ein solches Gottesbild von Kindesbeinen an eingeprägt wurde – »Ein Auge ist, was alles sieht, auch was in dunkler Nacht geschieht« –, wer Predigten als Drohbotschaft erfahren hat, der wird nicht den Gott finden, den Je-

sus verkündet hat und den sie vielleicht in ihrem Herzen zutiefst ersehnen: einen liebenden Vatergott.
Gott hat schon in der Glaubenstradition Israels Züge der Liebe angenommen. Es ist nicht so, als gäbe es im Alten Testament nur den Furcht erregenden, den strafenden Gott und erst im Neuen Testament den liebenden Vater. Das Bild von Gott hat sich im Laufe der Glaubensgeschichte Israels allerdings immer mehr geläutert zu einer angstfreien Gottesbeziehung. Der Prophet Jesaja redet von Gott in fraulichen, mütterlichen Bildern. »Kann denn eine Frau ihr Kindlein vergessen, eine Mutter ihren leiblichen Sohn? Und selbst wenn sie ihn vergessen würde: ich vergesse dich nicht. Sieh her: ich habe dich eingezeichnet in meine Hände« (Jes 49,15f.). Gott vergisst niemanden. Er bleibt uns unentwegt in Liebe zugewandt. Im Psalm 131 betet ein Glaubender des Alten Testamentes: »Ich ließ meine Seele ruhig werden und still. Wie ein kleines Kind bei der Mutter ist meine Seele still in mir.« Oder hören wir ein Gebet aus dem alttestamentlichen Buch der Weisheit. »Du hast mit allen Erbarmen, weil du alles vermagst, und siehst über die Sünden der Menschen hinweg, damit sie sich bekehren. Du liebst alles, was ist, und verabscheust nichts von allem, was du gemacht hast; denn hättest du etwas gehasst, so hättest du es nicht geschaffen. Wie könnte etwas ohne deinen Willen Bestand haben, oder wie könnte etwas erhalten bleiben, das nicht von dir ins Dasein gerufen wäre? Du schonst alles, weil es dein Eigentum ist, Herr, du Freund des Lebens« (Weish 11,23–26).
Gott ein Freund des Lebens, ein Liebhaber der Menschen. Er lässt sich vergleichen mit Eltern, die den Säugling an ihre Wangen drücken (Hosea 11,4). Den zu Israel Beziehung suchenden Gott hat die prophetische Verkündigung den

Gott des Bundes genannt, der sich seinem Volk wie in einem Ehebund angetraut hat, der ihm trotz dessen Untreue anhängt, der es abzubringen sucht von der Vielgötterei, von den als Ehebruch dargestellten Baalskulten der Nachbarvölker. »Sie (Israel) hat ihre Ringe und ihren Schmuck angelegt und ist ihren Liebhabern gefolgt, mich aber hat sie vergessen – Spruch des Herrn. Darum will ich selbst sie verlocken. Ich will sie in die Wüste hinausführen und sie umwerben ... Ich traue dich mir an auf ewig, ich traue dich mir an um den Brautpreis von Gerechtigkeit und Recht, von Liebe und Erbarmen, ich traue dich mir an um den Brautpreis meiner Treue: Dann wirst du den Herrn erkennen« (Hosea 2,15–16. 21–23). Hier wird das Volk Israel gesehen als Geliebte Gottes, von ihm umworben. Ein in Israel verliebter Gott, ein um Liebe werbender Gott, der schwach wird aus Liebe.

Wir sagten es schon: Eines der beiden hebräischen Wörter für Erbarmen, rahamin, ist abgeleitet von rähäm, was Mutterschoß bedeutet. Göttliches Erbarmen und mütterliche Liebe werden hier miteinander verglichen. Zwischen Gott und Mensch besteht eine tiefe, ursprüngliche Lebens- und Liebesbeziehung. Efraim, einem der Stämme Israels, der auf Abwege geraten ist, entzieht Gott nicht seine Liebe. »Spruch des Herrn«, so hören wir aus dem Mund des Propheten Jeremia, »ist mir denn Efraim ein so teurer Sohn oder mein Lieblingskind? Denn sooft ich ihm auch Vorwürfe mache, muss ich doch immer an ihn denken. Deshalb schlägt mein Herz für ihn, ich muss mich seiner erbarmen« (Jer 31,20). Gott kann sich nicht selber untreu werden. Wenn Gott, vor allem in den prophetischen Texten der Spätzeit, zunehmend frauliche Züge annimmt, so ist das nicht biologisch gemeint. Gott ist weder Mann noch

Frau. Doch indem Gott mütterliche Verhaltensweisen zugeschrieben wurden, treten die dominierenden Rollen wie Krieger und Richter in den Hintergrund. Das Muttersein Gottes darf mitschwingen in der Vateranrede Gottes. Gott, du bist uns Vater, du liebst uns wie ein Vater. Gott, du bist uns Mutter, du liebst uns wie eine Mutter.

Jesus erschließt uns einen vertrauensvollen Zugang zu seinem Vater, den wir mit »Abba«, lieber Vater, anreden dürfen. »Abba« und »Imma«, die aramäischen Worte für Papa und Mama, sind die ersten Worte eines Kindes in den Armen seiner Eltern. In ihnen drückt sich das Gefühl der Geborgenheit aus. Solche Erfahrungen menschlicher Nähe, die leider nicht alle Kinder machen können, überträgt Jesus auf die Beziehung Mensch – Gott. Er sagt: Gott ist euer Vater, ihr seid seine Kinder. Scheut euch nicht, ihn mit Papa, mit Väterchen, anzureden. Dies konnte Anstoß erregen in den Ohren derer, die Gottes Erhabenheit gewahrt wissen möchten. Gewiss dürfen wir Gott nicht verniedlichen. Gott bleibt bei aller väterlich-mütterlichen Nähe zu uns Menschen immer auch der ferne Gott, mit all dem, was uns an ihm dunkel und undurchdringlich erscheint. Dennoch gibt es die Kunde vom Emmanuel-Gott, dem »Gott mit uns«, die man so in keiner anderen religiösen Tradition antrifft. Hier stoßen wir auf das Einzigartige des biblischen Gottesglaubens. Jahwe, der »Ich werde da sein«, der alttestamentliche Gottesname, wird im Munde Jesu zum Abba, zum Vater. Man darf sagen, dass Vater der Gottesname des Neuen Testamentes ist.

In diesem Gottesnamen erscheint ein anderes Gottesbild als jenes von Schiller in seiner »Ode an die Freude«. Hier ist Gott in unendliche Fernen entrückt. »Brüder, überm Sternenzelt muss ein lieber Vater wohnen ... Ahnest du den

Schöpfer, Welt? Such ihn überm Sternenzelt! Über Sternen muss er wohnen.« In der biblischen Tradition lässt sich Gott bei den Menschen finden. In Jesus ist Gott uns ganz nahegekommen, er hat in ihm Fleisch und Blut angenommen. Philippus hatte Jesus gebeten, ihnen den Vater zu zeigen. Und Jesus: »Wer mich gesehen hat, hat den Vater gesehen« (Joh 14,9). Obwohl Jesus seine Jünger nicht gelehrt hat, zu ihm zu beten, können wir im »Vater unser« etwas von ihm selber erkennen. Denn in Jesus wird Gott für uns transparent, durchsichtig als ein väterlich, mütterlich liebender Gott. Ohne Jesus hätten wir es mit einem antlitzlosen Gott zu tun. Wir könnten ihn gar nicht finden. Er wäre kein Gott mit uns.

Die Gottesvorstellungen der Griechen, für die Gott zeugender Vater oder »Werkmeister des Alls« ist, sind völlig beziehungslos. Dem Philosophen Aristoteles, der 300 Jahre vor Christus gelebt hat, erschien es unmöglich, dass Gott (die Götter) den Menschen und der Mensch Gott (die Götter) lieben kann (können). Hier zeigt sich sehr deutlich der Kontrast zum jüdischen Denken, in dem das Verhältnis zu Gott und seine Beziehung zum Menschen in den Erfahrungen menschlicher Liebe Ausdruck finden. Sich Gott als unpersönliche Kraft vorzustellen, lag Israel völlig fern. Schon für das Gottesvolk des Alten Bundes, in dessen Vorstellungen Jesus dachte, ist Gott kein abstrakt Göttliches, kein antlitzloses Es. Gott ist ein Du mit menschlich-väterlichen Zügen, mit menschlich-mütterlichen Zügen. Aus dieser persönlichen Beziehung zu Gott lebte und glaubte Jesus.

Als im Zeitalter der beginnenden Aufklärung, im 17. Jahrhundert, Philosophen Gott gleichsam zum Denkmodell gemacht hatten, fand Blaise Pascal wieder zum Vater Jesu

Christi zurück. Was ihm blitzartig aufging, hat er auf Pergament niedergeschrieben und in seine Kleider eingenäht. Er nannte es »Memorial«, weil ihm das an ihm Geschehene unverlierbar in Erinnerung bleiben sollte. Dort lesen wir: »Im Jahr des Herrn 1654, Montag, den 23. November, von ungefähr halb elf abends bis ungefähr halb eins in der Nacht: FEUER. Gott Abrahams, Gott Isaaks, Gott Jakobs, nicht der Gott der Philosophen und Gelehrten. Gewissheit, Freude, Friede. Gott Jesu Christi. Er wird gefunden auf den Wegen, die im Evangelium gelehrt werden. Tränen der Freude … Dass ich nie mehr von ihm getrennt werde. Hingabe an Jesus Christus.« Kein anderer als der Gott Abrahams, Isaaks und Jakobs. Das bedeutet: ein Gott, der nicht geschichtslos ist. Der Gott Jesu Christi, sagt Blaise Pascal, ist nur zu finden auf den Wegen des Evangeliums. Über den Menschenbruder Jesus gibt sich Gott als ein Gott zu erkennen, der ganz für die Menschen da ist.

Die unglaubliche Herablassung Gottes muss, wie es Paulus sagt, unserem menschlichen Denken töricht erscheinen. »Die Juden fordern Zeichen, die Griechen suchen Weisheit. Wir dagegen verkündigen Christus als den Gekreuzigten: für Juden ein empörendes Ärgernis, für Heiden eine Torheit, für die Berufenen aber, Juden wie Griechen, Christus, Gottes Kraft und Gottes Weisheit. Denn das Törichte an Gott ist weiser als die Menschen, und das Schwache an Gott ist stärker als die Menschen« (1 Kor 1,22–25). Das Ärgernis der Gottesanrede Abba, Papa, Väterchen, ist das Ärgernis der Menschwerdung Gottes. Wir begegnen einem gänzlich gewaltlosen Gott, der uns Menschen gegenüber nichts anderes einsetzen will als die Liebe. Wenn wir zu Gott »unser lieber Vater« sagen dürfen, dann enthüllt er sich immer mehr als Gott der Menschen. Dann brauchen wir ihn nicht als »Vater überm Sternenzelt« zu suchen. Wir können ihn finden, wie er sich in Jesus in einer unsagbaren Liebe an uns Menschen verschenkt. Zu ihm Abba, Väterchen zu sagen, ist deshalb keine Vermenschlichung Gottes, vielmehr das gläubige Ja zu seiner Menschwerdung. Es ist das Vertrauen in einen sich ganz an uns verschwendenden Gott.

In zwei Abschnitten, aus dem Römerbrief und aus dem Galaterbrief, wird zur Sprache gebracht, dass wir nicht mehr Sklaven sind, die sich immer noch fürchten müssen, sondern dass wir die Freiheit der Kinder Gottes erlangt haben. Aus dem Geist der Kindschaft, den Gott in unser Herz gesenkt hat, können wir zu Gott Abba, Vater sagen.

Im Brief an die Christen von Rom sagt Paulus: »Alle, die sich vom Geist Gottes leiten lassen, sind Söhne Gottes. Denn ihr habt nicht einen Geist empfangen, der euch zu Sklaven macht, so dass ihr euch immer noch fürchten müsstet, sondern ihr habt den Geist empfangen, der euch zu Söhnen macht, den Geist, in dem wir rufen: Abba, Vater. So bezeugt der Geist selber unserem Geist, dass wir Kinder Gottes sind. Sind wir aber Kinder, dann auch Erben; wir sind Erben Gottes und sind Miterben Christi, wenn wir mit ihm leiden, um mit ihm auch verherrlicht zu werden« (Röm 8,14–17).

Im Brief an die Christen in Galatien hören wir: »Solange der Erbe unmündig ist, unterscheidet er sich in keiner Hinsicht von einem Sklaven, obwohl er Herr ist über alles; er steht unter Vormundschaft, und sein Erbe wird verwaltet bis zu der Zeit, die sein Vater festgesetzt hat. So waren auch wir, solange wir unmündig waren, Sklaven der Elementarmächte dieser Welt. Als aber die Zeit erfüllt war, sandte Gott seinen Sohn, geboren von einer Frau und dem Gesetz unterstellt, damit er die freikaufe, die unter dem Gesetz stehen, und damit wir die Sohnschaft erlangen. Weil ihr aber Söhne seid, sandte Gott den Geist seines Sohnes in unser Herz, den Geist, der ruft: Abba, Vater. Daher bist du nicht mehr Sklave, sondern Sohn; bist du aber Sohn, dann auch Erbe, Erbe durch Gott« (Gal 4,1–7).

Über das kleingläubige Sorgen

»Sorgt euch nicht um euer Leben und darum, dass ihr etwas zu essen habt, noch um euren Leib und darum, dass ihr etwas anzuziehen habt. Ist nicht das Leben wichtiger als die Nahrung und der Leib wichtiger als die Kleidung?« (Mt 6,25). Diese Worte leiten einen längeren Abschnitt der Bergpredigt über das kleingläubige Sorgen ein (vgl. Lk 12,22–31). Sie könnten widersprüchliche Gefühle in uns hervorrufen. Wie kommen wir zurecht mit der Aufforderung, uns keine Sorgen zu machen? Muten uns die Worte Jesu nicht etwas weltfremd an? Weit ab von der Wirklichkeit unseres Alltagslebens. Wir alle machen in dieser oder jener Hinsicht die Erfahrung, dass wir nicht frei sein können von Sorgen um uns selber und um Menschen, um die wir uns sorgen. Es geht ja auch nicht ohne Vorsorge über den heutigen Tag hinaus. In der Steinzeit haben die Menschen damit begonnen, Vorräte zu sammeln, um über karge Zeiten hinwegzukommen. Wir können nicht von der Hand in den Mund leben.
Nachdem Franziskus wirklich sozusagen von heute auf morgen gelebt hat, ohne für den morgigen Tag vorzusorgen, haben seine Ordensbrüder der folgenden Generation erkennen müssen, dass man nicht ganz auf eine Vorsorge für die Gemeinschaft verzichten kann. Dieselbe Erfahrung haben auch die Brüder von Taizé gemacht. Auch für die Zeit, in der wir krank und alt werden, gilt es Vorsorge zu treffen durch eine Kranken- und Altersversicherung. Kann Jesus es wirklich gewollt haben, dass wir auf jegliche Vorsorge verzichten sollen?
Jesus weist uns in einem weiteren Wort auf die Sorglosig-

keit der Vögel hin: »Seht euch die Vögel des Himmels an: Sie säen nicht, sie ernten nicht und sammeln keine Vorräte in Scheunen; euer himmlischer Vater ernährt sie. Seid ihr nicht viel mehr wert als sie?« (Mt 6,26). Auch hier die Frage: Ist es nicht geboten, zu säen und zu ernten und Vorräte zu sammeln? Und dann gibt es noch ein Wort Jesu, das ebenfalls nicht auf Anhieb zu verstehen ist. »Euch aber muss es zuerst um sein Reich und um seine Gerechtigkeit gehen; dann wird euch alles andere dazugegeben« (Mt 6,33).

»Sorgt euch nicht um euer Leben!« – »Seht euch die Vögel des Himmels an ... Lernt von den Lilien, die auf dem Feld wachsen!« – »Euch aber muss es zuerst um sein Reich und um seine Gerechtigkeit gehen!« Diese drei Sätze sehe ich als Leitsätze, in denen der Passus der Bergpredigt über das kleingläubige Sorgen zentriert ist. Nachdem es uns auf den ersten Blick so schien, als wären die Worte Jesu mit unserer Lebenswirklichkeit nur schwer in Einklang zu bringen, wollen wir nun versuchen, dem Sinn seiner Worte auf die Spur zu kommen.

»Sorgt euch nicht um euer Leben!«

Wenn Jesus sagt, wir sollten uns nicht um unser Leben sorgen, dann meint er damit eine unnötige oder gar von Angst besetzte Sorge. Die allermeisten von uns haben keine Sorge, was das Lebensnotwendige angeht, was wir essen oder anziehen sollen (V. 25 und 31). Wir leben ziemlich abgesichert und sind meist gut versorgt. Dafür gibt es anderes, was Angst machen könnte. Die Angst um eine ungewisse Zukunft. Angst vor dem, was uns widerfahren könnte.

Und was das Ende unseres Lebens angeht, kann der Gedanke uns zu schaffen machen, dass alles, womit wir uns abgesichert haben, uns zwischen den Händen zerrinnt. »Wer von euch«, sagt Jesus, »kann mit all seiner Sorge sein Leben auch nur um eine kleine Zeitspanne verlängern?« (Mt 6,27).
Eindrücklich ist in dieser Hinsicht das Gleichnis vom reichen Kornbauern, der seine Vorräte in immer größeren Scheunen hortet, damit es für viele Jahre reicht und er es sich wohl sein lassen kann. Bei seiner anscheinenden Weitsicht ist dieser Mann, auf das Ende hin gesehen, kurzsichtig. Gott spricht zu ihm: »Du Narr! Noch in dieser Nacht wird man dein Leben von dir zurückfordern. Wem wird dann all das gehören, was du angehäuft hast? So geht es jedem, der nur für sich selbst Schätze sammelt, aber vor Gott nicht reich ist« (Lk 12,16–21). Wenn ich auf das Ende meines Lebens schaue, relativiert sich all mein Sorgen um das leibliche Wohl, wenn es damit auch nicht überflüssig wird. Am Anfang des Abschnittes über das kleingläubige Sorgen hat es geheißen, wir sollten uns nicht um unser Leben sorgen. Dies wird variiert am Schluss der Rede Jesu über das Sorgen. »Sorgt euch also nicht um morgen; denn der morgige Tag wird für sich selbst sorgen. Jeder Tag hat genug eigene Plage« (Mt 6,34). Wenn ich mich auf das fixiere, was morgen kommen könnte, verliert das Heute an Lebensqualität. Denn dann beschäftige ich mich schon heute mit dem, was vielleicht morgen eintreten könnte. Die Sorge um den morgigen Tag lässt mich den heutigen Tag, der seine eigene Plage, aber auch sein Gutes hat, nicht wirklich wahrnehmen und leben.
Es wäre sicher heilsam, wenn wir uns ab und zu bewusst machten, was konkret unser ängstliches Sorgen ist und

weswegen es uns allzu sehr in Beschlag nimmt. Wenn wir auch nicht sorglos in den Tag hineinleben dürfen, so müssten wir uns doch fragen, ob wir nicht besser einiges getrost der Zukunft überlassen dürfen. Oder aus der Sicht des Glaubens gesprochen, ob wir nicht manches vertrauensvoll Gott anheim geben können. Von Edith Stein stammen die Worte: »Gott weiß, was er mit mir vorhat, ich brauche mich nicht darum zu sorgen.« In diesem Gottvertrauen ist sie ihren schweren Weg bis in die Hölle von Auschwitz gegangen. Gewiss ist es nicht leicht, die innere Balance zu finden zwischen einer berechtigten Sorge, gerade auch im Blick auf andere in leiblicher oder seelischer Not lebende Menschen, und einer letztlich im Vertrauen auf Gott gründenden Gelassenheit.

Jesus spricht von uns Kleingläubigen: »Wenn aber Gott schon das Gras so prächtig kleidet, das heute auf dem Feld steht und morgen ins Feuer geworfen wird, wie viel mehr dann euch, ihr Kleingläubigen« (Mt 6,30). Jesus stellt uns nicht als Ungläubige hin, sondern als Kleingläubige, die Gott in seinem fürsorglichen Handeln zu wenig zutrauen. Auf den Lernfeldern unseres Lebens könnten wir uns einüben, immer mehr unser Vertrauen auf Gott zu setzen. Besonders dort, wo wir an unsere Grenzen stoßen, wo wir merken, dass wir mit unserem Planen und Sorgen nichts mehr ausrichten und an ein Ende gekommen sind. »Haucht der Mensch sein Leben aus und kehrt er zurück zur Erde, dann ist es aus mit all seinen Plänen« (Ps 146,4). Dies gilt es zu verinnerlichen. »Sorgt euch nicht um euer Leben.«

»Seht euch die Vögel des Himmels an ... Lernt von den Lilien, die auf dem Feld wachsen«

Dies ist eine gleichnishafte Rede, in der Bilder aus der Natur aufgenommen sind. Denen, die sich in zu großer Sorge abquälen, die überängstlich in die Zukunft blicken, sagt Jesus, sie sollten von den Vögeln des Himmels und von den Lilien des Feldes lernen. »Seht euch die Vögel des Himmels an: Sie säen nicht, sie ernten nicht und sammeln keine Vorräte in Scheunen; euer himmlischer Vater ernährt sie. Seid ihr nicht viel mehr wert als sie?« (Mt 6,26).
Und dann ist die Rede von den Blumen des Feldes. »Lernt von den Lilien, die auf dem Feld wachsen: Sie arbeiten nicht und spinnen nicht. Doch ich sage euch: Selbst Salomo war in all seiner Pracht nicht gekleidet wie eine von ihnen« (Mt 6,28–30). Mit den Lilien des Feldes waren die wild wachsenden purpurroten Anemonen oder auch die Schwertlilien gemeint. Mit ihnen kann sich nicht einmal ein in Purpurgewänder gekleideter Salomo messen. Die ganz im Hier und Jetzt lebenden Vögel und die Lilien des Feldes sind Zeugen für die Fürsorge des Schöpfers. Jesus will unseren Blick weiten. Wir sollen hinschauen auf die Lilien des Feldes, die wachsen, ohne zu arbeiten und zu spinnen. Die weder säen noch ernten noch in Scheunen sammeln und doch Nahrung finden. Und dann höre ich die Frage Jesu an mich: Bist du Kleingläubiger nicht viel mehr wert als sie? Wenn der Schöpfer den Vögeln des Himmels und den Gewächsen der Felder so viel Lebensmöglichkeiten schafft, obwohl sie doch so schnell vergehen, um wie viel mehr kann ich mich seiner gütigen Fürsorge anvertrauen.
Walter Dirks, kompetenter und angesehener Gesellschafts-

wissenschaftler aus der zweiten Hälfte des vorigen Jahrhunderts, hat einmal geschrieben: »Einige Heilige sind für ihre Sorglosigkeit berühmt. Teresa von Avila gründete Klöster, Mary Ward gründete Schulen, Franziskus gründete gar nichts – jene Frauen machten Schulden und verließen sich auf die Vorsehung, dieser machte nicht einmal Schulden. Es gibt vereinzelt solche Kostgänger des lieben Gottes auch heute noch, sie könnten eine Funktion haben, und es ist anzuraten, sie zu respektieren: Freiheit bleibt auch in solchen Grenzfällen ein kostbarer Wert.« Walter Dirks meint auch hier das Freiwerden von übergroßer Sorge. Und dann kommt er auf die soziale Vorsorgepflicht zu sprechen: »Verbrecherisch wäre es, volkswirtschaftlich sorglos auf langfristige Vorsorge zu verzichten. Solche Konsequenzen würden nicht nur uns selbst, nicht nur die uns besonders anvertrauten Mitmenschen, sondern die ganze Menschheit und am meisten die Ärmsten, die unterentwickelten Zonen rasch in die Katastrophe führen.« Es sei hier darauf hingewiesen, dass zur Zeit Jesu die wirtschaftlichen Verhältnisse völlig anders waren als in unserer hoch komplizierten, globalen Gesellschaft. Jesus richtet seine Worte an diejenigen, die mit ihm durch die Städte und Dörfer von Galiläa, Judäa und Samarien zogen. Sie konnten mehr als wir darauf vertrauen, dass der jeweilige Tag sie mit dem Lebensnotwendigen versorgte.

Jesus stellt uns nicht vor die Entscheidung, entweder zu sorgen und zu planen oder nichts zu tun. Die Worte Jesu vom kleingläubigen, ängstlichen Sorgen würden missverstanden, wenn man in ihnen eine Alternative zwischen menschlicher Planung und Sorglosigkeit, zwischen Arbeit und Nichtstun sähe. Wir dürfen aus den Worten von der Sorglosigkeit nicht eine Ablehnung menschlichen Schaf-

fens herauslesen und damit auch allen kulturellen Fortschritts. Gott hat am Anfang der Tage den Menschen die Erde anvertraut, auf dass sie sie bebauen und pflegen. Jesus kann schon deswegen die Arbeit nicht gering geschätzt haben, weil er die größte Zeit seines Lebens als Handwerker gearbeitet hat. Es wird uns also nicht verwehrt, zu arbeiten und zu planen. Nur nicht in allzu großer Sorge.
Die Vögel des Himmels, die Lilien und das Gras, die nicht arbeiten und doch von Gott erhalten bleiben, sind kein Vorbild für das Nichtstun, sondern gelten als sichtbarer Beweis, dass Gott alle Geschöpfe mit seiner Fürsorge umgibt. Jesus legt uns nicht ein Vogelleben, ein Lilienleben nahe. Doch könnte das, was in den Lüften schwebt und auf den Wiesen blüht, unseren Blick öffnen für den, der für seine Geschöpfe sorgt und dessen Güte in unvergleichlichem Maße uns Menschenkindern gilt. »Seht euch die Vögel des Himmels an: Sie säen nicht, sie ernten nicht und sammeln keine Vorräte in Scheunen; euer himmlischer Vater ernährt sie. Seid ihr nicht viel mehr wert als sie?« Im Hinweis auf die Vögel des Himmels und die Blumen des Feldes will Jesus uns auch sagen, wir sollten bei aller Sorge, die wir uns machen, nicht übersehen, dass Gott ja weiß, was wir zum Leben nötig haben. »Euer himmlischer Vater weiß, dass ihr das alles braucht« (Mt 6,32). Ein drittes Schlüsselwort.

»Euch aber muss es zuerst um sein Reich und um seine Gerechtigkeit gehen«

Der Weg, den Jesus weist, führt von einer beengenden Sorge über die Wahrnehmung der Schöpfung zum Vertrauen in Gottes Fürsorge. Dann wird uns noch ein größerer Horizont eröffnet: das Reich Gottes. Jesus sagt: »Euch aber muss es zuerst um sein Reich und um seine Gerechtigkeit gehen, dann wird euch alles andere dazugegeben.« Das, was uns dazugegeben wird, ist nebensächlich im Blick auf das Reich Gottes. Der ganze Passus steht unter dem Vorzeichen der kommenden, in Jesus schon angebrochenen Gottesherrschaft. In dieser Perspektive haben wir es nicht mehr nötig, uns um Vordergründiges zu sorgen. Die Suche nach dem Gottesreich stellt eine radikale Alternative dar zu der von Angst besetzten Sorge. Die Energie, die durch die Loslösung aus der verkrampften Sorge frei geworden ist, kann nun eingesetzt werden für die Verwirklichung des Gottesreiches.

Reich Gottes ist indes nicht eine rein jenseitige Größe. Es soll Gestalt gewinnen schon in dieser Welt. Es bricht überall da auf, wo Christen Liebe, Frieden, Versöhnung leben, wo sie aus dem Geist der Bergpredigt zu leben versuchen. Durch die Konkretisierung »Gerechtigkeit« soll deutlich werden, dass es sich nicht um ein passives Warten, nicht um eine nur innerliche religiöse Gesinnung handelt. Die größere Gerechtigkeit, wie sie in den Antithesen der Bergpredigt entfaltet wird, soll sich konkret verwirklichen in einem alternativen Verhalten, vor allem in Gewaltverzicht und Versöhnungsbereitschaft.

Wenn wir in unserem Leben um das Näherkommen des Reiches Gottes bemüht sind, dann geraten die Sorgen um unser leibliches Wohl mehr und mehr in den Hintergrund. Nicht als würden sie damit gegenstandslos. Das Lebensnotwendige – so verheißt es Jesus – werden wir als Zugabe erhalten. »Euch muss es zuerst um sein Reich und um seine Gerechtigkeit gehen, dann wird euch alles andere dazugegeben.«

Weise – im Hören und Tun

Im letzten Kapitel der Bergpredigt werden wir gefragt, ob wir die Worte Jesu nicht nur hören, sondern auch nach ihnen handeln. Die gegensätzlichen Bilder vom dem weiten und dem engen Tor, von dem breiten und dem mühevollen Weg, von den gesunden und von den schlechten Früchten, von dem auf Felsen und dem auf Sand gebauten Haus – sie alle machen deutlich, dass es an uns liegt, ob die Bergpredigt nur gehörtes Wort bleibt oder zum gelebten Wort wird. Die negativen Bilder sagen uns, wie es denen ergehen wird, die sich nicht auf die Botschaft der Bergpredigt einlassen und ihren Weisungen nicht folgen. Sie gehen auf dem breiten Weg, der ins Verderben führt. Sie sind wie Bäume, die keine Frucht bringen und deshalb abgehauen und ins Feuer geworfen werden. Sie gleichen törichten Menschen, die ihr Haus auf Sand gebaut haben, das in sich zusammenstürzen muss.
Trotz der düsteren Farben, in denen diese Bilder gemalt sind, sollten sie uns nicht in Schrecken versetzen. Man sollte sie auch nicht dazu benutzen, wie es in der Verkündigung nicht selten geschah und auch heute noch gelegentlich geschieht, Menschen Angst einzujagen, aus der Frohbotschaft eine Drohbotschaft zu machen. Die eindringlichen Worte Jesu sind nicht so sehr als Forderungen und Mahnungen zu verstehen. Sie wollen vielmehr zeigen, dass es zwei Wege, zwei Tore gibt, zwischen denen es zu wählen gilt. Jesus, der uns diese Bilder vor Augen stellt, spricht hier als Lehrer der Weisheit. Er will uns helfen, weise zu werden im Unterscheiden zwischen dem richtigen und dem falschen Weg. Die Richtung, in welche der gute

Weg führen soll, zeigen uns die vorangegangenen Wegweisungen der Bergpredigt. In ihnen werden Alternativen aufgezeigt, zwischen denen wir zu wählen haben. In den Antithesen wird dies besonders deutlich.

»Geht durch das enge Tor!« (Mt 7,13–14)

Mit der Aufforderung »Geht durch das enge Tor!« beginnt der Schlussteil der Bergpredigt. Zwei Bildworte werden miteinander verknüpft, in denen je ein positives und ein negatives Bild einander gegenüberstehen, und dies in genauer Entsprechung:

Denn das Tor ist weit,
das ins Verderben führt,
und der Weg dahin ist breit,
und viele gehen auf ihm.

Aber das Tor,
das zum Leben führt,
ist eng und der Weg dahin ist schmal,
und nur wenige finden ihn.

Es werden dem Menschen zwei Möglichkeiten zur Wahl gestellt. Die eine: den breiten, bequemen Weg zu gehen, der ins Verderben führt. Die andere: den engen, beschwerlichen Weg einzuschlagen, der zum Leben führt. Ihn gehen diejenigen, die den Worten Jesu folgen. Soll damit gesagt sein, dass denjenigen, die den falschen Weg eingeschlagen haben, nun keine Möglichkeit mehr gegeben ist, auf ihrem Weg umzukehren und in eine andere Richtung

zu gehen? Warum sollte der Baum, der schlechte Früchte bringt, nicht regenerieren und dann doch noch gute Frucht tragen? Und ist es dem Mann, der auf Sand gebaut hat, nicht möglich, aus seinen Fehlern zu lernen und ein neues Haus mit sicherem Fundament zu bauen? Wir sollten auch nicht vergessen, dass viele Menschen in ihrer Entscheidung für einen guten Weg beeinträchtigt sind, sei es durch bestimmte Veranlagungen, sei es durch unheilsame Einflüsse. Es gilt zu unterscheiden zwischen einem schuldhaft irrigen Gewissen und einem schuldlos irrigen Gewissen. Bei einer schuldlos irrigen Gewissensentscheidung kann ein Mensch nicht erkennen, dass das, was er tut, nicht gut ist. Bei einer schuldhaft irrigen Gewissensentscheidung müsste er es wissen. Dabei ist die Unterscheidung gewiss nicht einfach.
Wenn die Bibel in Bildern redet, ist immer zu fragen, was die Bilder in ihrem Kern aussagen wollen. So will Jesus mit den Bildern am Ende der Bergpredigt uns davor bewahren, das uns von Gott zugesagte Heil zu verscherzen, den Sinn unseres Lebens zu verfehlen. Aus diesen Worten, rhetorisch überspitzt, kann indes nicht geschlossen werden, dass es keine Möglichkeit mehr gibt umzukehren. Wenn es die Chance eines Neubeginns nicht gäbe, dann würde dies der Handlungsweise Jesu widersprechen. Jesus hat sich gerade denen in Liebe zugewandt, die in Schuld gefallen waren, den Zöllnern, den Dirnen, den von den Pharisäern und Schriftgelehrten abgeschriebenen Menschen. Ihnen schenkte Jesus seine ganze vorbehaltlose Liebe. Wie ist Jesus mit einem Petrus umgegangen, der unter Fluchen und Schwüren gesagt hat, dass er ihn nicht kenne? Dem Verbrecher am Kreuz, der seine Untaten eingesteht, verheißt Jesus das Paradies. Eine Umkehr in letzter Stunde. Und

wenn wir auf uns schauen: Können wir von uns sagen, dass wir immer den beschwerlichen Weg gehen und ihn dem bequemeren vorziehen? Dennoch dürfen wir uns zu denen zählen, die sich darum bemühen, den Weisungen Jesu zu folgen. Wenn wir auch manchmal unserer menschlichen Schwachheit erliegen, so können wir darauf hoffen, das uns von Jesus verheißene Leben zu erlangen.

Wie kommen wir aber dann zurecht mit dem Wort Jesu, in dem es heißt, dass es nur wenige sind, die den Weg zum Leben finden, und dass viele durch das breite Tor ins Verderben gehen? Da könnte uns wieder angst und bange werden. Dieses Mengenverhältnis ist erschreckend. Demnach gehen viele einen von Schuld und Verfehlungen beladenen Weg, und nur wenige lassen sich auf den von Jesus gewiesenen Weg ein. Wir sollten darauf verzichten, darüber zu spekulieren, wie groß die Zahl derer ist, die den Weg zum Leben finden, und die Zahl derer, die ihn nicht finden. Vor allem dürfen wir nicht darüber urteilen, ob jemand das ewige Heil erlangt hat oder nicht. Selbst von Judas können wir nicht sagen, er sei verlorengegangen.

Mit dem Wort vom weiten Tor, durch das Menschen zu ihrem Verderben hindurchgehen, stehen wir vor einem äußerst schwierigen Problem. Was ist unter »Verderben« zu verstehen? Heißt »Verderben«, dass Menschen auf ewig verlorengehen? Mit den bildhaften Aussagen von der Hölle, dem Feuer, dem Wurm, der nicht stirbt (vgl. Mk 9,43.48; Mt 18,8), soll zweifellos der Zustand ewiger Verdammnis beschrieben werden, wenngleich bei Lukas diese Bildrede nicht überliefert ist. Machen wir uns einmal bewusst, was dies heißt. Menschen sollen ewig dafür bestraft werden, dass sie in ihrem Leben den weiten, bequemen Weg gegangen sind. Sie würden ohne Ende in dem Bewusstsein leben, ihr Leben verfehlt zu haben und deshalb für immer von der Gemeinschaft mit Gott ausgeschlossen zu sein. Es wäre eine entsetzliche innere Qual, der sie ausgeliefert wären. Wir müssen uns fragen, ob sich eine von Gott verhängte ewige Höllenstrafe mit seiner Liebe vereinbaren lässt.

Im Unterschied zu den drei synoptischen Evangelien gibt es in den Johanneischen Schriften Worte, wonach Menschen, die sich bis zuletzt dem Guten widersetzen, im Tod bleiben. Im 1. Johannesbrief heißt es: »Wir wissen, dass wir aus dem Tod in das Leben hinübergegangen sind, weil wir die Brüder lieben. Wer nicht liebt, bleibt im Tod« (1 Joh 3,14). Die Offenbarung des Johannes spricht vom zweiten Tod: »Wer siegt, dem kann der zweite Tod nichts anhaben« (Offb 2,11). Später hören wir im Sonnengesang des hl. Franziskus: »Gelobt seiest du, mein Herr, durch unseren Bruder, den leiblichen Tod; denn kein lebender Mensch kann ihm entrinnen. Weh denen, die sterben in tödlichen Sünden. Selig, die der Tod trifft in deinem heiligsten Willen, denn der zweite Tod kann ihnen nichts antun.« In der Allerheiligenlitanei hieß es ursprünglich: »Befreie uns von dem ewigen Tod«, wogegen wir jetzt beten: »Befreie uns von der ewigen Verdammnis«. Und im Buch Tobit lesen wir: »Barmherzigkeit rettet vor dem Tod« (Tob 12,9). Wenn wirklich ein Mensch angesichts der Liebe Gottes sich ihm endgültig verweigert, dann kann ihn Gott nicht vor dem zweiten Tod, dem ewigen Tod bewahren. Wir dürfen jedoch an einen Gott glauben, der in seiner Liebe alles, aber auch alles tut, dass Menschen, so sehr sie auch schwere Schuld auf sich geladen haben, nicht dem ewigen Tod verfallen. Der Glaube an einen solchen Gott ist für mich ein größerer Ansporn, den beschwerlicheren Weg zu wählen, als ein Gott, der mir mit ewiger Verdammnis droht und mich in Angst versetzt. Im 1. Johannesbrief lesen wir: »Furcht gibt es in der Liebe nicht, sondern die vollkommene Liebe vertreibt die Furcht. Denn die Furcht rechnet mit Strafe, und wer sich fürchtet, dessen Liebe ist nicht vollendet« (1 Joh 4,18).

»An ihren Früchten werdet ihr sie erkennen« (Mt 7, 20)

Dieser Satz ist die Quintessenz eines längeren Abschnitts, der sich an die Worte von den zwei Wegen anschließt. »Hütet euch vor den falschen Propheten; sie kommen zu euch wie (harmlose) Schafe, in Wirklichkeit aber sind sie reißende Wölfe. An ihren Früchten werdet ihr sie erkennen. Erntet man etwa von Dornen Trauben oder von Disteln Feigen? Jeder gute Baum bringt gute Früchte hervor, ein schlechter Baum aber schlechte. Ein guter Baum kann keine schlechten Früchte hervorbringen und ein schlechter Baum keine guten. Jeder Baum, der keine guten Früchte hervorbringt, wird umgehauen und ins Feuer geworfen. An ihren Früchten also werdet ihr sie erkennen« (Mt 7,15–20).

Wenn es am Schluss heißt, an ihren Früchten also werdet ihr sie erkennen, so sind die zu Anfang genannten falschen Propheten gemeint. Der Nebensatz »die zu euch kommen«, deutet an, dass sie von außen kommen. Dies kann darauf hindeuten, dass es zu Anfang schon charismatische Wanderprediger gab, die von Gemeinde zu Gemeinde zogen. Sie sorgten für Verwirrung und machten die Christen unsicher in ihrem Glauben. Als Schafe verkleidet kommen sie zur Herde argloser Gläubiger. Sie haben sich den Mantel der Harmlosigkeit und der Uneigennützigkeit umgehängt, in ihrem Innern jedoch gleichen sie reißenden Wölfen. Um die falschen Propheten in ihrem wahren Wesen zu entlarven, werden Bilder aus der Natur eingeführt, mit denen eindeutige Merkmale der Unterscheidung gegeben sind. Von Dornen kann man keine Trauben, von Disteln keine Feigen ernten. Wenn die Früchte schlecht sind, können sie nur von einem Baum stammen, der morsch ist. Mit dem Baum ist das Leben des Menschen in seiner Ganzheit gemeint. Denken, Wollen und Handeln müssen eine Einheit bilden. Dies bricht bei denen auseinander, die nach außen etwas vorgeben, was sie in ihrem Innern nicht sind, die mehr scheinen, als sie sind.

In der so genannten Feldrede bei Lukas finden wir ebenfalls die Metapher von den Bäumen und den Früchten. Abweichend von Matthäus bezieht sich die Gleichnisrede im lukanischen Text nicht auf die falschen Propheten, sondern betrifft jeden Menschen. »Ein guter Mensch bringt Gutes hervor, weil in seinem Herzen Gutes ist; und ein böser Mensch bringt Böses hervor, weil in seinem Herzen Böses ist. Wovon das Herz voll ist, davon spricht der Mund« (Lk 6,45). Wir müssten uns fragen, ob wir in unserem Herzen dem Guten zu wenig Raum geben. Ob wir die Worte der Bergpredigt zwar hören und über sie reden, hingegen zu wenig nach ihnen handeln. Das Tun ist das Kriterium für die wahre Jüngerschaft. Dass es auf das Handeln ankommt, darauf zielen alle Worte im Schlusskapitel der Bergpredigt hin. So auch die folgenden Worte, die noch einmal mit allem Nachdruck dazu auffordern, es nicht bei einem nur äußerlichen Tun bewenden zu lassen.

> »Nicht jeder, der zu mir sagt: Herr, Herr!, wird in das Himmelreich kommen, sondern nur, wer den Willen meines Vaters im Himmel erfüllt« (Mt 7,21)

Da dieser Satz in der Bergpredigt seinen Ort hat, bedeutet dies, dass in ihr Wege gewiesen werden, den Willen Gottes zu erkennen und zu erfüllen. Wenn wir danach fragen, was uns in einer bestimmten Situation von Gott zu tun aufgetragen ist, dann können uns die Worte der Bergpredigt, zwar nicht in kasuistischer Anwendung, die Richtung weisen. Dies betrifft vor allem unser mitmenschliches Verhalten. Hier setzt die Bergpredigt eindeutige Maßstäbe. So sagt uns Jesus in der letzten Antithese, wir sollten auf Gewalt verzichten, auch denen wohlgesonnen sein, die uns Übles angetan haben, damit wir Söhne und Töchter unseres Vaters im Himmel werden, der seine Sonne aufgehen lässt über Bösen und Guten, der es regnen lässt über Gerechte und Ungerechte.

Dem Leitsatz, dass nur der, der den Willen Gottes erfüllt, in das Reich der Himmel eingeht, folgen Worte über das Gericht, denen wir, so bedrohlich sie auch klingen, nicht ausweichen wollen. »Viele werden an jenem Tag«, gemeint ist der Tag des Gerichtes, »zu mir sagen: Herr, Herr, sind wir nicht in deinem Namen als Propheten aufgetreten und haben wir nicht mit deinem Namen Dämonen ausgetrieben und mit deinem Namen viele Wunder vollbracht? Dann werde ich ihnen antworten: Ich kenne euch nicht. Weg von mir, ihr Übertreter des Gesetzes« (Mt 7,22f.). Die Anrede »Herr, Herr« wendet sich an Jesus. Zu ihm, der von Gott als Richter eingesetzt worden ist, treten Menschen hin, um vor ihm auszubreiten, was sie alles in seinem Namen vollbracht haben. Doch sie berufen sich vergeblich

auf ihr prophetisches Reden und ihre Wundertaten. All das geschah zwar im Namen Jesu, aber nicht aus der glaubenden und liebenden Beziehung zu ihm. Wenn sie Übertreter des Gesetzes genannt werden, so wird man darunter das Gesetz verstehen müssen, das in der Bergpredigt zu seiner Erfüllung gekommen ist. Durch die ungemein hart klingende Verleugnungsformel »Ich kenne euch nicht« spricht Jesus ihnen die Gemeinschaft mit ihm ab, trotz ihres Wirkens als Propheten, Exorzisten und Wundertäter.
Deutlicher kann nicht gesagt werden, dass all unser Tun, so großartig es auch sein mag, aus der liebenden Beziehung zu Jesus erwachsen muss. In einem anderen Kontext, im »Hohelied der Liebe« (1 Kor 13), hören wir Ähnliches: »Wenn ich alle Glaubenskraft besäße und Berge damit versetzen könnte, hätte aber die Liebe nicht, wäre ich nichts. Und wenn ich meine ganze Habe verschenkte und wenn ich meinen Leib dem Feuer übergäbe, hätte aber die Liebe nicht, nützte es mir nichts.« Man kann das nur so deuten, dass diese heroisch erscheinenden Taten letztlich nicht Gott und den Mitmenschen gelten, sondern um ihrer selbst willen geschehen. Teresa von Avila sagt: »Ohne Liebe ist alles nichts.«
Im Paralleltext bei Lukas fehlt die Gerichtsszene. Es heißt dort nur: »Was sagt ihr zu mir: Herr! Herr! und tut nicht, was ich sage?« Dann leitet Lukas über zum Gleichnis vom Hausbau: »Ich will euch zeigen, wem ein Mensch gleicht, der zu mir kommt und meine Worte hört und danach handelt« (Lk 6,46f.).

Das Gleichnis vom Hausbau

»Wer diese meine Worte hört und danach handelt, ist wie ein kluger Mann, der sein Haus auf Fels baute. Als nun ein Wolkenbruch kam und die Wassermassen heranfluteten, als die Stürme tobten und an dem Haus rüttelten, da stürzte es nicht ein; denn es war auf Fels gebaut. Wer aber meine Worte hört und nicht danach handelt, ist wie ein unvernünftiger Mann, der sein Haus auf Sand baute. Als nun ein Wolkenbruch kam und die Wassermassen heranfluteten, als die Stürme tobten und an dem Haus rüttelten, da stürzte es ein und wurde völlig zerstört« (Mt 7,24–27). Dieses Gleichnis bedarf eigentlich keiner Erklärung, da es in sich stimmig und eindeutig ist. Was der Tenor, der Grundduktus des ganzen Schlusskapitels ist, nämlich die Worte Jesu nicht nur zu hören, sondern danach zu handeln, wird uns in dem Doppelgleichnis vom Hausbau noch einmal nahegebracht. Wer die Worte der Bergpredigt befolgt, der gleicht einem klugen Menschen; denn er hat sein Haus auf felsigen Boden gebaut. Wer sie nur hört und nicht danach handelt, ist wie ein unvernünftiger Mensch, weil er sein Haus auf Sand gebaut hat. In diesem Gleichnis erkennen wir wieder Jesus als den Lehrer der Weisheit, der uns dazu anhält, in den Grundentscheidungen unseres Lebens nicht töricht, sondern weise und klug zu handeln.

»Wer diese meine Worte hört und danach handelt, ist wie ein kluger Mann, der sein Haus auf Fels baute.« »Diese meine Worte«, das sind die Worte der Bergpredigt. Und wer sie hört und danach handelt, ist ein kluger Mensch; denn er hat seinem Lebenshaus einen festen Grund gegeben. Der feste Grund sind die Wegweisungen Jesu. Ihnen zu folgen ist nicht immer leicht. Doch wenn wir Schritt für

Schritt, ohne perfekt sein zu müssen, den Weg der Bergpredigt einschlagen, dann wird sie uns nicht zu einer drückenden Last. Sie wird uns nicht Angst einjagen. Sie kann uns vielmehr helfen, wahrhaft Mensch zu werden.

Aus der Bergpredigt können wir nur leben und handeln, wenn wir Jesus selber in seinen Worten gegenwärtig sehen. Ihn sehen, wie er sich den schuldig gewordenen Menschen zuwendet, wie er ihnen, wie er uns, in Güte und Langmut begegnet.

Die Goldene Regel

»Alles, was ihr also von anderen erwartet, das tut auch ihnen!« (Mt 7,12). Dieses Wort aus der Bergpredigt, seit dem 18. Jahrhundert »Goldene Regel« genannt, steht nicht im Evangelium allein. Wir finden es abgewandelt als Weisheitsspruch im Alten Testament und auch in anderen Religionen und Kulturen, so im römisch-griechischen Kulturkreis bei Homer und Thales sowie in Indien und China bei Laotse und Kung Futse. Im Alten Testament hören wir, wie Tobit seinen Sohn Tobias ermahnt: »Was dir selbst verhasst ist, das mute auch einem anderen nicht zu.« Und er zieht die Folgerungen daraus: »Gib dem Hungrigen von deinem Brot und dem Nackten von deinen Kleidern: Wenn du Überfluss hast, dann tu damit Gutes und sei nicht kleinlich, wenn du Gutes tust« (Tob 4,15–17).
Im Talmud, einer aus dem Spätjudentum stammenden Sammlung von Gesetzen, ist von einem Rabbi Hillel, einem Zeitgenossen Jesu, die Rede. Er wurde von einem Nichtjuden, der zum Judentum übertreten wollte, gebeten, das ganze Gesetz in einem Satz zusammenzufassen. Doch zunächst hatte sich der Nichtjude an Schammai gewandt, ebenfalls ein namhafter Gesetzeslehrer zur Zeit Jesu. Er bat Schammai, ihm das ganze Gesetz in einer Zeit beizubringen, in der er es auf einem Bein aushalte. Schammai, der das Gesetz sehr rigoros auslegte, wies dies als eine Zumutung zurück. Der wissbegierige Nichtjude ging daraufhin zu Hillel mit derselben Bitte, nämlich ihm das ganze Gesetz zu übermitteln, solange er auf einem Bein stehen könne. Und was sagt er ihm? »Was dir unlieb ist, das tu auch keinem anderen. Das ist das Gesetz, alles Übrige

ist Erläuterung.« Wir kennen dieses Wort so: »Was du nicht willst, das man dir tu, das füg auch keinem andern zu!« Hillel sagt, dass alles, was über diesen Satz hinausgehe, lediglich Auslegung dieser Grundnorm sei. Das war angesichts der damals herrschenden strengen Gesetzesauslegung ungeheuer gewagt.

Die »Goldene Regel« hat Jesus positiv formuliert. »Alles, was ihr also von anderen erwartet, das tut auch ihnen!« (Mt 7,12). Im Islam gibt es ebenfalls dieses Wort in seiner positiven Ausdrucksweise. Jesus fügt der Weisung »Alles, was ihr also von anderen erwartet, das tut auch ihnen!« hinzu: »Darin besteht das Gesetz und die Propheten.« Das bedeutet: die gesamte alttestamentliche Überlieferung mit ihren gesetzlichen Forderungen. Ähnliches hören wir an einer anderen Stelle des Matthäusevangeliums. Als Jesus einmal von einem Gesetzeslehrer nach dem wichtigsten Gebot im Gesetz gefragt wird, antwortet er, dass an den Geboten der Gottes- und Nächstenliebe das ganze Gesetz samt den Propheten hängt (Mt 22,40). In der »Goldenen Regel« wird uns nun in Form einer Maxime, einer Handlungsanweisung, gesagt, wie unsere Liebe zum Nächsten zu praktizieren sei.

»Alles, was ihr also von anderen erwartet, das tut auch ihnen!« Gemeint ist ein auf den Mitmenschen ausgerichtetes Tun. Wir sollen danach fragen, was wir von anderen an Gutem erwarten, damit wir von daher die Maßstäbe gewinnen für unser Verhalten ihnen gegenüber. Auf die Frage, was wir von anderen erwarten, wird uns die Antwort nicht schwerfallen. Nichts anderes als Gutes. Wenn wir auch nicht auf unser Recht pochen können, von anderen gut behandelt zu werden, so wird doch jeder sich wünschen dürfen, dass andere gut zu ihm sind und ihm nichts Böses an-

tun. So könnten wir uns beispielsweise wünschen, dass es Menschen gibt, die uns zur Seite stehen, wenn wir Leid erfahren, wenn wir in Not geraten sind. Dass es Menschen gibt, die sich an unserem Glück, unseren Erfolgen mitfreuen können. Wir wünschen uns, dass wir von anderen in unseren Schwächen angenommen werden. Und dass der, den wir ungerecht behandelt haben, uns verzeiht. Umgekehrt tut es uns nicht gut, wenn andere uns verletzen, wenn sie uns vor anderen lächerlich machen, wenn sie hinter unserem Rücken über uns reden. »Alles, was ihr also von anderen erwartet, das tut auch ihnen!«
Wenn wir demnach genau wissen, was uns guttut und was uns nicht guttut, dann sollen wir, das meint Jesus, dieselben Maßstäbe für unser Verhalten anlegen. Einen sichereren Maßstab gegenüber unseren Mitmenschen gibt es nicht. Teresa von Avila hat versucht, die »Goldene Regel« auf ihr Leben in der klösterlichen Gemeinschaft anzuwenden: »Ich hatte mir den Grundsatz tief eingeprägt, über keinen Menschen etwas erfahren zu wollen oder zu sagen, was ich nicht wollte, dass man es von mir sagte.«
Wie wir gesehen haben, werden wir im Schlusskapitel, dem siebten Kapitel der Bergpredigt, in verschiedenen Bildreden und Gleichnissen dazu aufgefordert, die Worte der Bergpredigt nicht nur zu hören, sondern auch danach zu handeln. Dieses Schlusskapitel gehört nicht zum Hauptteil der Bergpredigt, weil es inhaltlich nichts mehr aussagt über unser Verhalten gemäß den Weisungen Jesu. Da das Wort: »Alles, was ihr also von anderen erwartet, das tut auch ihnen!« den Hauptteil der Bergpredigt abschließt, hat es einen besonderen Stellenwert. Darauf deutet das »also« hin sowie das verallgemeinernde »alles«. »Alles, was ihr also von anderen erwartet.« Das Wort: »Darin besteht

das Gesetz und die Propheten« verleiht dem noch einen besonderen Nachdruck. Daraus lässt sich schließen, dass die »Goldene Regel« eine Art Quintessenz der Bergpredigt ist.

Bei jeder Weisung der Bergpredigt können wir uns fragen, was diesbezüglich unsere Erwartungen an andere sind. Was wir von anderen erwarten, das sollen wir selber tun. Den aufkommenden Zorn überwinden. Auf Wahrhaftigkeit bedacht sein. Gütig und barmherzig mit anderen umgehen. Versöhnlich und gewaltlos leben. Das Böse nicht mit Bösem vergelten. Denen wohlgesonnen sein, die an uns nicht gut gehandelt haben. Gerade dann, wenn wir unsicher sind, wie wir uns in bestimmten Situationen dem anderen gegenüber verhalten sollen, wird die »Goldene Regel« uns helfen können, das Rechte zu tun. »Alles, was ihr also von anderen erwartet, das tut auch ihnen!«